KB185582

내 인생의 상승전환

들어가며

우리는 3차원의 공간과 과거·현재·미래라는 시간 속에서 다양한 경험을 하면서 살아가고 있다. 지금 독자 여러분이 바로 여기(현재)를 읽고 있는 이 순간도 이미 과거가 되어 버렸고, 아직 오지도 않은 저기(미래)도 현재가 되면서 이내 바로 과거가 되어 버린다. 즉, 과거는 이미 지나가 버렸고, 미래는 아직 다가오지 않았기에 현재가 가장 중요하다는 진리를 이구동성으로 성인들과 철학자들이 그 중요성을 강조하는 이유이기도 하다.

그러면 현재를 어떻게 살아가야지? 세상에 온 여행자이자 방랑자인 우리가 어떻게 의미 있는 삶을 살 수 있을까? 여기에 대한 해답을 저자는 경험, 지속, 연결 그리고, 공유라는 4가지 테마로 이야기한다. 먼저, 경험은 해 봐야지만 이해할 수 있는 부분이다. 마치 어린아이가 뒤집기와 걸음마를 이론으로만 배우면 절대로 아장아장 걸을 수 없듯이 수많은 시행착오를 직접 실행해야만 가능한 원리와 같다.

지속은 실수, 잘못, 시행착오, 실패가 있어도 회복력을 통해 삶의 중요한 의미를 재부여하는 것이다. 인생이란 긴 항해 속에서 때론 폭풍과 비바람이 몰아쳐서 그동안 가지고 있었던 소중한 인연, 물질 등을 잃어버리는 일은 세상을 살다 보면 누구에게나 한번은 찾아온다. 이러한 위기를 극복하는 방법은 과거 실패를 거울삼고, 미래 불확실성에 대비하기 위해 자신에게 강한 회복 에너지를 지속 부여하는 길이다.

이렇게 다양한 경험과 넘어져도 쓰러지지 않고 바로 일어서는 오뚜기처럼 지속 회복력을 내면화함으로써 외부 환경과 조건을 변화시키는 원동력이 생기게 된다. 이때, 조화와 조율 기반의 '진리관제센터'를 가동하면서 동시에 더 높은 곳을 향하는 무의식과 상상력의 세계를 적극 활용하면 자신과 주변 세계는 그 가치와 비전 그리고, 목표를 함께 꿈꾸게 될 것이다. 동시에, 가치증명을 통해 결이 같은 사람들을 강한 에너지로 서로 자석처럼 끌어당기는 것이 바로 연결의 힘이다.

긍정은 긍정을 끌어당기고, 부정은 부정을 끌어당기듯이 긍정적인 모습으로 현재를 대할 때 미래는 이미 현재가 되고, 여기, 저곳, 모든 곳에서 긍정의 시너지가 넘쳐나게 되는 것이다. 또한, 긍정과 함께 나눔과 사랑을 기반으로 한 용서와 역지사지 정신을 적극 발휘해 보자. 예를 들어, 내리사랑이라는 말처럼 준 것을 억지로 받아내려고 하지 말고, 자연과 같이 그냥 주고 끝내자. 더 나아가, 진정한 소통은 더 나은 생태계를 만드는 밑거름이 되기에 적극적인 공감과 공유를 지속 활용하면 좋겠다.

요약하건대 경험, 지속, 연결, 공유를 기반으로 현재 살아가고 있는 인류가 복잡한 환경과 상호 관계 속에서 각종 불안과 스트레스로부터 자기의 마음을 조화롭게 유지해 나갈 수 있을 뿐 아니라 더 나아가 신체적 휴식을 통한 자기충전 프로그램 제공이 MPCE.Mind and Physical Control Ecosystem가 추구하는 가치이자 비전이다.

1. 경험 / Contents

2. 지속 / Contents

3. 연결 / Contents

4. 공유 / Contents

제 1장

경험(Experience)

내 인생의 상승전환

내 인생의 지속적인 하락을 끝마치고, 이제 상승하는 시기가 다가온다.

1. 공간은 시간을 항상 앞서지만 둘이 합쳐질 때, 진정한 경험이 된다.

공간은 시간을 항상 앞서지만 둘이 합쳐질 때 경험이 된다는 두 요소가 우리의 인식과 경험을 어떻게 형성하는지에 대한 통찰을 담고 있다. 사람은 보통 눈을 뜨면 먼저 공간을 인식한다. 주변 사물의 배치, 거리감, 높낮이, 색감 등을 통해 일종의 배경을 파악하고, 그 위에서 모든 일이 전개됨을 느낀다. 공간은 물리적으로 고정된 상태처럼 보이기 때문에, 시간에 비해 상대적이며 선명한 상태의 의식이 먼저 들어온다. 이때, 공간 안에서 벌어지는 변화나 흐름이 시간을 통해 드러나게 된다. 가령, 정지된 사진 한 장으로는 변화를 알 수 없지만, 같은 공간을 시간 축 위에 놓고 연속적으로 보면 확연히 변화를 느끼게 되는 것과 같은 이유이다. 이처럼 시간은 공간 위에서 어떠한 사건을 만들어 낸다. 공간이 아무리 멋지고 아름다워도, 어떤 일이 일어나는 것이 없으면 사람들에게 깊은 인상을 남기기 어렵다. 공간과 시간이 서로 교차할 때 비로소 사건이 발생하고, 그 사건이 곧 경험으로 축적된다.

인간은 공간을 시각·청각·촉각·후각 등으로 느끼는 동시에, 시간의 흐름을 통해 변화를 포착하고 의미를 부여한다. 이렇게 공간을 지각하고, 시간 속에서 변화와 의미를 체험하는 과정 자체가 삶의 경험이 된다. 단순히 공간과 시간이 함께 있다고 해서 무조건 경험이 되는 것은 아니다. 결국 그 안에서 무언가를 보고 듣고 느끼며 해석할 때만이 비로소 개인적인 경험이 탄생하는 것이다. 따라서, 공간은 3차원 배경을 제공하기에 즉각적으로 앞서는 인상을 주지만, 시간의 흐름을 통해 우리는 그 공간 안에서 변화를 감지하고 삶의 이야기를 쌓으며, 이 둘이 합쳐져 경험이라는 총체적 의미를 만들어 낼 수 있게 된다.

결국 인간이 어떻게 세계를 인식하고 기억하며, 그 결과 어떤 의미를 만들어 내는가를 한마디로 공간은 시간을 항상 앞서지만 둘이 합쳐질 때 경험이 된다는 말이다.

내 인생의 상승전환

내 인생의 지속적인 하락을 끝마치고, 이제 상승하는 시기가 다가온다.

2. 믿음은 신념이 되고, 신념은 열망이 된다. 진리에 기반하여 삶의 힘을 최대한 빼고, 열망을 구하라.

믿음에서 신념 그리고 열망이라는 변화를 통해, 우리의 마음 가짐과 태도가 어떻게 점진적으로 원하는 바를 향해 나아가는 지를 보여준다. 그 과정에서 너무 애쓰거나 조급하게 힘을 주지 말고 삶의 힘을 빼고 열망을 구하라는 말은, 욕심을 내거나 조바심을 내기보다는 인생이란 물줄기 흐름에 자신을 맡기되 간절한 바람은 확고히 품으라는 말이다.

믿음은 막연한 가능성에 대한 신뢰 또는 스스로에 대한 긍정 적 확신을 말한다. 이 믿음이 단순한 기대를 넘어 구체적인 확신, 즉 신념으로 자리 잡으면 어떤 가치관이나 태도로 굳어지게 된다. 이후 신념은 단순히 그럴 수도 있겠다는 수준이 아니라 반드시 그렇게 될 것이라는 구체적인 믿음, 즉 본인의 진심 어린 의지가 된다. 이런 신념이 점점 강화되면, 단순한 희망에서 벗어나 행동을 이끄는 열망으로 발전한다. 이때부터는 자기 자신의 목표와 꿈을 향해 실제로 움직이게 만드는 강력한 추진 동력이 저절로 생기게 되는 것이다.

또한 열망은 간절함과도 같은데, 간혹 이 간절함이 지나쳐서 집착이나 강박이 될 수도 있다. 삶의 힘을 빼라는 말은, 과도한 집착이나 조바심 때문에 스스로를 옥죄지 말라는 의미를 포함하고 있다. 지나치게 힘을 주면 오히려 마음이 경직되어 창의력과 기회를 놓치게 되기 때문이다. 이러한 상태에서 인생이란 흐르는 물에 자신을 맡길 수 있다면, 자신이 원하는 목표 달성이 훨씬 수월해질 수 있다는 말이다.

즉, 신념과 열망을 품되 집착하지 말고 자연스럽게 추진하는 것은 너무 무리하거나 애쓰다 보면 오히려 길이 막히고, 스스로를 삶의 쇠사슬로 옥죄어 원하는 목표에 쉽게 다가가기 어려울 수 있기에 확신 어린 믿음을 유지하면서도 마음의 여유를 잃지 않는 것이 중요하고, 그것이야말로 삶의 버킷리스트와 꿈을 온전히 실현해 내는 데 필요한 지혜라 할 수 있다.

내 인생의 상승전환

내 인생의 지속적인 하락을 끝마치고, 이제 상승하는 시기가 다가온다.

3. 분별력은 나를 지켜주는 최소한의 기준이다.

분별력(分別力)은 사물을 올바르게 가려보고 그에 맞춰 행동할 수 있는 능력이다. 즉, 상황을 파악하고 자신이 취해야 할 태도나 선택지를 분명히 구분해 내는 힘이며, 이를 통해 우리는 불필요한 위험에 빠지지 않고, 개개인의 삶과 가치관을 지켜나갈 수 있게 해 준다. 분별력이 없다면 우리는 순간적인 감정이나 충동에 휩쓸려 잘못된 판단을 내리기 쉽다. 가령, 타인이 하는 말이나 사회적 흐름(유튜브 알고리즘)을 비판 없이 그대로 받아들여 오해하거나 상처를 입는 경우가 생길 수 있다. 분별력은 이러한 상황에서 이런 정보나 행동이 옳은지, 내게 해가 되지 않는지를 살필 수 있게 해 준다. 결국, 스스로 보호하고 잘못된 선택을 줄이는 기본적인 방어막이 되는 것이다. 분별력은 인간관계에서도 중요한 역할을 한다. 상대방의 말이나 행동에 대해 감정적으로만 반응하는 대신, 그 의도를 파악하고 적절히 대응하는 힘이 분별력이다. 예를 들어, 상대방의 말이 단순한 의견 표출인지, 혹은 악의적인 비난인지 등을 구별해 낼 수 있어야 건강한 상호 인간관계를 이어 나갈 수 있다.

 또한, 분별력은 단순히 옳고 그름을 판단하는 데 그치지 않고, 상황과 맥락을 고려해 유연하게 대응하는 힘이다. 가령, 같은 말이라도 맥락이나 상대방의 처지에 따라 받아들여지는 의미가 달라질 수 있기에, 이러한 세밀한 차이를 알아차리고 행동에 옮기는 것은 분별력을 통해 가능한 것이다. 세상에는 다양한 사고방식과 정보가 넘쳐난다. 그중에는 본인에게 유익한 것도 해가 될 수 있기에, 분별력은 자신이 지향하는 가치관이나 목표와 맞지 않는 부분을 걸러내고, 필요한 것만 취하며 성장할 수 있게 도와줄 수 있다. 자신의 중심을 잃지 않고 삶을 통제하는 데 꼭 필요한 기준이 바로 분별력이다.

 결국, 분별력이란 불확실한 세상 속에서 나 자신을 지켜주는 최소한의 안전장치이다. 정보가 넘쳐나고 대인관계가 복잡해질수록, 우리는 더욱더 상황을 제대로 보는 습관을 기를 필요가 있으며 이를 통해 자신을 보호하고, 필요할 때는 나와 타인을 위해 적절한 판단과 결정을 내려야 한다. 아울러, 분별력은 단숨에 생기는 것이 아니라, 여러 경험을 통해 학습하고 스스로 돌아보며 발전시켜 나가는 능력이며 분별력을 기르는 것은 곧 자기 자신을 확실히 지키고, 삶을 한 단계 더 건강하게 가꾸는 길이라고 할 수 있겠다.

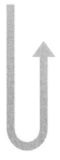

내 인생의 상승전환

내 인생의 지속적인 하락을 끝마치고, 이제 상승하는 시기가 다가온다.

4. 삶의 보람을 느끼며, 매사에 감사하자.

우리가 삶을 살아가며 마주하는 순간들은 참으로 다양하다. 때로 기쁨과 성취가 가득한 순간이 있고, 고난과 어려움에 부딪혀 좌절하기도 한다. 그러다 지나온 시간 들을 되돌아보면, 그 안에는 크고 작은 보람들이 자리하고 있음을 발견하게 된다. 그 보람 들을 통해 우리의 인생을 지속하고, 더 나은 방향으로 나아갈 수 있게 하는 추진 동력이 되기도 한다. 보람은 결코 거창한 목표를 이뤄야만 생기는 것이 아니다. 오늘 하루를 안전하게 보냈음에 감사하고 누군가에게 따뜻한 말 한마디를 전했음에 뿌듯함을 느끼는 것처럼, 평범한 일상에서도 충분히 보람을 찾을 수 있다. 우리가 마음만 조금 열고 살펴보면,

당연하게 여겨 지나쳤던 것들도 사실은 많은 의미를 지니고 있다. 보람은 혼자서만 이룰 수도 있지만, 누군가와 함께 이뤄나갈 때 더욱 빛난다. 가족, 친구, 동료 등 우리 주변에 있는 사람들과 함께 협력하고, 그 안에서 서로의 성장을 지켜보는 것만으로도 큰 즐거움이자 보람일 것이다. 공동의 목표를 세우고 이를 이루기 위해 각자의 재능과 열정을 모을 때, 우리가 나누는 감사와 기쁨은 배가 될 수 있다.

 아울러, 감사는 우리 스스로 돌보는 마음가짐인데 힘들고 고단한 상황에서도 감사의 이유를 찾아본다면, 그 상황을 바라보는 시선이 한층 더 부드러워질 수 있다. 감사는 다른 사람이 준 어떤 선물을 받는 듯한 것이 아니라, 내 안에서 스스로 위로하고 인정해 주는 마음의 나침반과 같다. 작은 일에도 감사하면, 긍정의 에너지가 커질 수 있기에 어려운 과정에서도 감사할 이유를 찾을수록 그 과정을 견디는 힘이 하나씩 더 생기게 되는 것이다. 이처럼 어떤 일을 마주했을 때, 그로부터 얻게 될 보람을 미리 상상해 보는 것만으로도 우리는 더 책임감 있고 성실하게 임하게 될 수 있다. 이러한 태도는 미래를 더욱 풍요롭게 만들어 준다.

 모든 일이 순조롭진 않더라도, 그 과정에서 보람을 찾고 감사할 수 있다면, 그 자체가 내일을 살아가는 자양분이 되며, 삶의 보람을 느끼는 과정은 결국 우리가 매 순간 감사함을 지니고 살아갈 수 있는 원동력이 되기 때문이다. 조금씩 앞으로 나아가고 있음을 알아차리고, 그 길에서 함께한 이들과 기쁨과 감사를 나누는 것은 우리의 일상을 더욱 의미 있게 만들 수 있기에 오늘도 스스로 돌아보며 삶의 보람을 느끼고, 그 안에 담긴 모든 감사한 순간들을 놓치지 않도록 마음을 적극 열어 보자.

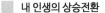
내 인생의 상승전환

내 인생의 지속적인 하락을 끝마치고, 이제 상승하는 시기가 다가온다.

5. 칭찬은 고래를 춤추게 하듯이 공룡도 춤추게 한다.

 칭찬은 고래를 춤추게 한다는 말이 있다. 비단 고래만 해당하
겠는가? 진심을 담은 칭찬은 상어, 다람쥐뿐 아니라 공룡도 춤
을 추는 마법을 지니고 있다. 과장된 칭찬이 아닌 진심 어린
칭찬은 모두를 즐겁게 한다. 칭찬은 개인과 사회 모두에게 긍
정적인 영향을 미치는 중요한 요소이다. 칭찬은 사람의 자존감
을 높이는 데 큰 역할을 한다. 진심 어린 칭찬을 받을 때, 자
신의 가치와 능력을 인정받았다는 느낌을 받아 자신감을 키울
수 있고, 긍정적인 행동과 성취를 더욱 강화하여 더 나은 결과
를 얻도록 동기를 강하게 부여한다. 특히, 아이들이나 직장에
서는 칭찬이 학습과 성과를 지속적으로 고취하는 데 효과적이

다. 칭찬은 사람 간의 관계를 강화하는 데에도 도움을 준다. 서로를 인정하고 존중하는 분위기를 조성해 상호 간의 신뢰와 친밀감을 높일 수 있다. 이는 가정, 직장, 친구 관계에서 모두 중요한 요소이다. 또한, 칭찬은 주변 분위기를 밝게 만들고, 개인뿐 아니라 그룹 전체에도 긍정적인 에너지를 공급해 준다. 이는 협력과 팀워크를 촉진하는 데도 도움이 된다.

 칭찬은 정신적인 안정감을 주고 스트레스를 완화하는 데에도 일조할 수 있다. 긍정적인 피드백은 뇌에서 행복 호르몬인 도파민을 분비하게 해 줌으로써 기분을 좋게 만든다. 아울러, 좋은 행동이나 성과를 강화하여 성공 가능성을 높여준다. 이는 아이들에게 예절 교육을 할 때나 직장에서 성과 관리를 할 때 특히 효과적이다. 칭찬을 자주 받는 사람은 자신감을 통하여 사회 속에서 적극적으로 자신의 역할을 착실히 실행하려는 경향이 있다. 이는 개인의 성장뿐 아니라 사회 전체의 발전에도 좋다. 다만, 과장된 칭찬은 오히려 역효과를 낼 수 있으므로 진실성을 기반으로 한 칭찬이 중요하며, 구체적으로 칭찬하면 상대방이 더 큰 동기와 만족감을 느낄 수 있다. 가령, 좋아요. 대신 "이 아이디어는 정말 창의적이에요."라고 표현하는 것이 더 좋다는 말이다. 이처럼 칭찬은 작은 말 한마디로도 큰 변화를 만들어 낼 수 있는 강력한 도구가 되어 준다.

내 인생의 상승전환

내 인생의 지속적인 하락을 끝마치고, 이제 상승하는 시기가 다가온다.

6. 내가 나를 인정한 후 상대방을 인정할 때 생기는 일

 내가 나를 인정하면서, 상대방의 가치를 인정해 줄 때 비로소
존경과 상생을 포함한 동반성장이 가능하다. 이를 통해 더 나
은 모습으로 한 단계 발전해 갈 수 있는 토대가 마련되며, 서
로의 가치와 비전이 시각화를 넘어 현실이 될 수 있다. 자신과
상대방을 인정한다는 것은 서로의 존재와 가치를 존중하고 받
아들이는 것을 의미한다. 이는 자기 자신과 타인의 고유한 특
성과 차이를 인정하며, 서로가 가진 장점·단점을 있는 그대로
받아들인다는 의미이다. 이를 통해, 상호 관계에서 더 깊은 이
해와 신뢰가 형성될 수 있다.

자신을 인정하기 위해서는 일단 자신의 약점과 강점을 모두 인정하고 스스로 있는 그대로를 받아들이는 것이다. 또한, 자신의 가치와 능력을 믿고 존중하는 태도를 가지며 현재 상태뿐 아니라 자신이 변화하고 발전할 가능성을 긍정적으로 여기는 것이 중요하다. 상대방을 인정하는 것은 상대방의 생각, 감정, 의견, 그리고 선택을 존중하는 태도를 1순위로 내면화하는 것이다. 또한, 상대방의 입장과 그들의 감정을 함께 이해하는 노력을 해야 하며, 상대방이 나와 다르더라도 그들의 개성과 가치관을 수용하는 자세가 필요하다는 말이다.

이러한 인정은 개인 간 관계에서 중요한 요소로, 서로에 대한 신뢰와 긍정적인 상호작용을 촉진해 준다. 또한 자신과 타인을 인정하는 자세는 불필요한 갈등을 줄이고 협력적인 환경을 조성하는 데 도움을 주며 더 나아가, 자기 성장과 인간관계의 질을 향상하는 중요한 원동력이 된다.

　 내 인생의 상승전환

내 인생의 지속적인 하락을 끝마치고, 이제 상승하는 시기가 다가온다.

7. 누구나 상상의 나래를 펼칠 수 있다.

　어떤 일을 이루고자 하는 마음과 상상이 싸움하면 누가 이길까? 당연히 상상이 이긴다. 왜냐고? 잠재력은 빙산의 수면 아래인 무의식의 세계로 그 비중이 전체의 90~99%를 담당한다. 의식의 세계인 의지는 전체의 1~10% 부분에 해당하므로 대부분을 점유하고 있는 상상력을 절대로 이길 수는 없다. 누구나 상상의 나래를 펼칠 수 있고, 꿈을 현실로 만들 수 있다는 말이다. 상상력은 단순히 공상이나 망상이 아니라, 새로운 아이디어를 창출하고 문제 해결 능력을 제시해 주는 중요한 능력이다. 상상력을 키우기 위해서는 일상 속 작은 실천부터 다양한 경험까지 꾸준히 시도해 볼 수 있다.

상상력을 향상하는 방법으로는 다양한 분야의 책과 콘텐츠를 접하면서 새로운 세상을 직·간접적으로 체험하는 것이 좋다. 가령, 공상과학, 판타지, 시 등 상상력이 중요한 장르를 읽거나 시청하면 머릿속에서 그 장면이나 상황을 자유롭게 그릴 기회가 많아지고, 만화, 그림책 등 이미지와 결합된 스토리를 활용해 보는 것도 시각적 상상력을 훈련하는 좋은 방법이 될 수 있다. 또한, 일기, 메모, 생각 노트를 습관적으로 작성해 보는 것도 중요하고, 머릿속 생각을 글로 풀어내는 과정에서 새로운 아이디어가 구름처럼 나타나기도 한다. 짧은 글쓰기인 에세이, 소설, 시나 그림, 만화 그리기 등을 시도해 보면 상상력이 더욱 구체적인 형태로 표현되며, 완성도를 높이기보다는 생각을 꺼내놓는 연습을 통해 지속해서 실천하는 것이 중요하다.

아울러, 주제에 얽매이지 않고 생각나는 것을 무작정 종이에 써 내려가 보면서, 양을 늘리다 보면 연관되지 않았던 아이디어들이 서로 결합하여 새로운 창의적인 아이디어가 탄생한다. 더불어 한 주제에서 파생할 수 있는 다양한 관련 키워드를 연결 지어보면 사고가 더욱 확장되어 간다. 예를 들어, 만약 누군가와 함께 시간여행을 할 수 있다면?, 만약 중력이 없어진다면? 과 같은 가정에서 출발해 이야기를 확장하는 연습도 좋고, 박물관, 전시회, 콘서트, 여행 등 새로운 환경에서 얻을 수 있는 자극은 상상력을 풍부하게 만들어 준다. 다른 직군, 다른 문화권의 사람들과 이야기를 나누다 보면 익숙지 않았던 시야가 열리며 상상력의 폭이 넓어질 수도 있고, 처음 접해보는 악기, 운동, 공예 등을 익히는 과정 자체가 뇌에 새로운 길을 만들어 주며 창의적 사고에 도움을 줄 수 있다.

 상상력은 게임, 레고, 퍼즐 등 자유롭게 무언가를 만들거나 문제를 해결하는 놀이를 즐겨보면서도 향상되며, 놀이 속에서 스스로 가상 상황을 설정하고 몰입하는 과정에서 상상력은 더욱 자극된다. 그러나, 뇌가 과도하게 활동하거나 스트레스를 받으면 상상력이 떨어질 수도 있다. 이러한 순간이 찾아오면, 명상이나 잠깐의 휴식 또는 산책으로 마음의 여유를 줌으로써 더 풍부한 상상력을 끌어낼 수도 있다. 여기에 더해 잠에서 깨자마자 떠오르는 꿈이나 생각을 기록해 보는 것도 상상력 향상에 도움이 된다. 꿈은 무의식적 사고가 발현되는 대표적인 예시이기 때문이다. 아이디어를 공유하고 의견을 나누는 과정에서 예상치 못한 조합이나 발전 방향이 떠오를 수도 있고 직접 만든 아이디어, 이야기, 작품 등에 대한 다양한 피드백을 통해 상상력은 더욱 구체화 되기에 적극 활용해 보면 좋겠다.

 또한, 자신의 관점을 상대방과 주고받는 과정에서 시야가 넓어지고 논리와 상상력이 균형과 조화를 이루게 되며, 좋아하는 음악이나 이미지를 곁에 두거나 친환경적인 식물을 배치해 두는 등 내적 영감을 불러일으키는 공간을 조성해 보는 것도 많은 도움이 된다. 상상력을 향상하기 위해서는 스마트폰, 인터넷 등에 방해받지 않고 일정 시간 동안 상상 혹은 창작에만 집중해 보는 연습도 좋고, 너무 바쁘게 달리기만 하면 정신적 여유가 없어지므로, 적절한 휴식을 통해 재충전 시간을 가질 때 여러분의 상상력은 더욱 살아 숨 쉴 수 있다.

상상력은 하루아침에 커다란 변화를 일으킬 수도 있지만, 대게 작은 시도 들의 누적으로 점진적으로 발전하는 능력이므로 스스로 과도하게 압박하기보다, 자율적이고 즐거운 마음으로 열려 있는 생각을 지향해 보는 것이 좋다. 다양한 시도와 경험이 쌓이면, 어느 순간 현재의 삶 속에서 자신이 예상치 못했던 놀라운 발상과 아이디어를 끌어낼 수도 있을 것이다.

내 인생의 상승전환

내 인생의 지속적인 하락을 끝마치고, 이제 상승하는 시기가 다가온다.

8. 집중력을 향상하는 방법

 선택과 집중이라는 말이 있다. 경영, 과업, 학업 등 일상생활 모든 일에서 사용되는 말이다. 선택과 집중에서 우선 목표를 설정하는 선택은 자극과 반응의 중간에서 움직일 수 있는 실제 행동이다. 선택을 내린 후 다음에는 무엇을 해야 할까? 바로 집중이다. 집중하는 힘을 우리는 집중력이라고 부른다. 집중력은 말 그대로 특정 대상이나 과제에 주의를 기울이고 몰입하는 능력을 의미한다. 집중력이 높아지면 학습이나 업무를 더욱 효율적으로 처리할 수 있고, 창의성이나 문제 해결 능력에도 긍정적인 영향을 준다. 반면 집중력이 떨어지면 사소한 방해에도 쉽게 흔들리거나, 정해진 목표를 끝까지 해내기 어렵게 된다.

이처럼 집중력은 집중해야 하는 구체적인 이유와 목표를 먼저 설정해 두면, 산만해지는 상황에서 의지를 되살리기 수월해진다. 또한, 한꺼번에 많은 일을 처리하려 하면 부담이 커져 집중력이 쉽게 분산되므로 한 번에 처리할 수 있는 일을 나누어 작은 작업 단위 중심으로 차근차근 해결해 나가는 것이 좋다. 아울러, 짧은 시간 동안 고도의 집중을 유지한 뒤, 짧게라도 휴식을 취하는 습관을 들이면서 가벼운 스트레칭이나 산책, 혹은 눈을 감고 깊이 호흡하는 것만으로도 집중력 회복에 도움이 된다.

집중력을 분산시키는 대표적인 요인이 스마트폰이나 사회관계망서비스인 SNS 등의 알림이다. 이를 해결하기 위해서는 공부나 업무를 할 때는 휴대폰을 잠시 무음으로 전환하여 집중할 수 있는 환경을 만드는 것도 좋고, 집중하기 좋은 공간을 마련하고 일정한 시간에 시작하는 습관을 들이다 보면 우리의 뇌가 그 환경이나 시간대에 맞춰 '집중 모드'로 전환하기 쉬워진다. 이에 가능하다면 명상이나 호흡 운동을 통해 정신적 분산을 줄이고 마음을 차분하게 가라앉히는 데 유용하므로 꾸준한 연습으로 정서적 안정과 함께 집중력을 높이면 좋겠다. 집중력은 선천적으로 타고나는 능력이라기보다는, 꾸준히 훈련하고 관리해야 하는 스킬Skill에 가까우므로 누구나 활용할 수 있다.

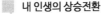
내 인생의 상승전환

내 인생의 지속적인 하락을 끝마치고, 이제 상승하는 시기가 다가온다.

9. 5 + 1 = ?

따뜻한 봄날에 놀이동산 벤치에서 엄마는 아이에게 질문을 하나 던진다. 5 더하기 1이 뭐지? 아이는 한참 망설이다가 엄마에게 7이라고 답한다. 엄마는 그 자리에서 아이를 크게 혼낸다. 그것도 모르냐면서.. 아이는 그 자리에 주저앉아 펑펑 울어버린다. 아이의 영혼은 마음에서 가출하고, 창의성이 사라지는 순간이다.

수학적으로 5 + 1 = 6이 정답 맞다. 덧셈 계산은 기본적인 산수 규칙인 사칙연산에 따라 진행되며, 5에 1을 더하면 결과는 6이 된다. 만약 그 아이의 대답처럼 7이라고 하면 대부분

모든 이들은 "5+1=7"이 수학적으로 정답이 아니라고 말한다. 당연하다. 앞서 말했듯이 5에 1을 더하면 항상 6이 맞다고 똑같은 답변만 반복적으로 나올 뿐이다. 만약 "5+1=7"이 정답이라고 생각되는 이유가 있다면, 그것은 수학적 맥락이 아니다. 즉, 기술적 답변이 아닌 비유적 표현일 수 있다. 가령, 어떤 상황에서 5명의 사람과 1개의 추가적인 아이디어가 7의 가치를 가진 결과를 만들어 낸다는 상징적 의미로 사용할 수 있고, 추상적 혹은 창의적 사고로 볼 때 예술, 기하학, 혹은 창의적인 이야기에서나 나올 법한 새로운 관점을 제시할 수도 있다는 말이다.

 만약 질문자가 엄마가 아니라 일반적인 사람이고, 답변자가 아이가 아니라 누구나 다 알고 있는 한 시대의 성인이라고 가정해 보자. 그런데 이 성인들은 하나같이 모두 5 + 1 = 7이라고 답했다. 그러면 이 성인들이 '똘아이'인가? 아니면 일반적이고 평범한 사람들이 이상한 것인가? 물론 수학적으로 보면 6이 정답이다. 하지만, 이산적인 숫자가 아니라 연속적인 세상(자연)의 관점에서의 5는 4.5 ~ 5.4(소수점 1자리까지만 적용 시)가 나올 수 있고, 1은 0.5 ~ 1.4까지 나올 수 있는데, 여기서 소수점 1자리는 반올림(반내림) 처리를 한다고 하면 전자는 5이고, 후자는 1이 된다. 따라서, 정답은 5 + 1 = 6이 정말 맞다.

그러나 창의적인 생각으로 7을 재해석하는 관점에서, 소수점 이하 첫 자리가 아닌 두 번째 자리를 반올림한다면 어떨까? 가령, 5는 5.49, 1은 1.49일 때, 5.5 + 1.5 = 7.0이니 정답은 7이 맞다.

이 같은 대답은 한 시대의 개척자들 즉, 세상(자연)의 이치를 깨달은 성인 또는 철학자들이나 정답은 7이라고 할 수 있을 법하다. 이에 그 아이는 미래의 예비 선구자일 수 있고 그 답변이 맞을 수도 있다는 말이다. 물론, 엄마의 답이 현실에선 당연히 맞다. 이는 일반인들 모두가 지구가 평평하다고 할 때, 지구는 둥글다고 말했던 사람들 모두 '똘아이' 취급을 받았던 시절이나 현시대에서 세계 최초로 상용 전기차를 만들고, 화성 이주계획을 세우는 일론 머스크 같은 부류의 사람들을 '똘아이'로 취급하는 것과 같은 맥락일 수 있다.

이처럼 단순히 이산적으로 눈에 보이는 것은 누구나 인정하기 쉽고 빠르다. 하지만 세상(자연)은 그렇게 이산적이지 않다. 세상(자연)은 연속적이며, 그런 모든 물질, 마음을 넘은 정신의 찰라(순간) 들이 모두 합성하여 종합적으로 이루어져 있다. 따라서, 정답은 6도 맞고 7도 맞다는 중용의 자세가 필요하다는 말이다. 지금도 이 글을 읽는 이들 중 정답이 6이라고만 답하는 사람들은 그 아이를 '똘아이'라고 표현할 것이고, 세상의 이치를 깨달은 사람들은 "6도 맞고 7도 맞을 수 있겠네"라고 인정할 수도 있을 것이다.

　앞으로의 인공지능(AI) 시대에서는 5 + 1 = 6과 같은 방정식은 굳이 인간이 할 필요가 없이 인공지능이 대신하면 되니, 7이라고 할 수 있는 창의적이고, 조화와 조율을 통한 균형의 자세를 갖춘 사람들이 많이 필요하다. 이전 시대에 경험했던 것처럼 평평한 지구가 아니라 그 당시 '똘아이'였던 아리스토텔레스가 3차원의 지구를 증명한 것처럼, 아인슈타인 '똘아이'가 증명한 3차원 공간이 아닌 4차원의 공간+시간이 함께 공존하고 있음을 세상에 증명한 것처럼, 더 나아가 물리학에서 말하는 중력, 자기력 등 11차원 이상으로 구성된 고차원의 세계에 근접할 수 있는 사람들은 바로 개척자 정신을 가진 '똘아이'들이기 때문이다.

내 인생의 상승전환

내 인생의 지속적인 하락을 끝마치고, 이제 상승하는 시기가 다가온다.

10. 노력은 결코 나를 배신하지 않는다.

당연한 말처럼 들리겠지만, 꾸준한 노력은 반드시 그에 상응하는 결과를 가져온다는 것이다. 삶에서 성공하거나 목표를 이루고 싶다면, 무엇보다도 처음부터 큰 결실을 기대하기보다는 작은 성과와 경험을 차곡차곡 쌓아가는 과정이 중요하다는 깨달음을 담고 있다. 물론 노력과 결과가 늘 1:1로 대응하여 비례하는 것은 아니다. 때로는 열심히 노력해도 예상만큼의 성과가 나타나지 않아서 실망하거나, 끝내 원하는 목표를 이루지 못할 수도 있다. 하지만 매 순간 최선을 다해 쌓아온 경험과 배움은 결국 나 자신을 더욱 단단하게 만들어 주고, 다른 기회가 찾아왔을 때 더 잘 잡을 수 있도록 준비된 상태를 만들어 준다.

 노력은 결코 나를 배신하지 않는다는 말은 어느 한순간의 결과로써가 아니라, 장기적으로 보았을 때 노력의 가치를 긍정하고 굳게 믿자는 것이다. 그렇게 하루하루 꾸준함을 잃지 않고 최선을 다한다면, 언젠가 그 과정이 자신에게 값진 결실로 되돌아올 수 있을 것이다. 결국 노력은 주어진 순간에 최선을 다해 무엇인가를 쌓고 발전해 나가는 과정이고, 그 과정이 지속되면서 다음 단계로 한 단계 더 도약할 수 있는 발판이 되어준다. 따라서, 여러 시행착오와 실패마저 내가 앞으로 나아가는 데 소중한 자양분이 될 것이라는 확신을 주는 긍정의 자세와 노력이 필요하다는 말이다.

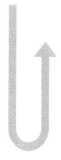

내 인생의 상승전환

내 인생의 지속적인 하락을 끝마치고, 이제 상승하는 시기가 다가온다.

11. 나 자신을 사랑하자.

 자신을 사랑하는 것은 결코 이기적이거나 교만한 일이 아니다. 오히려 자신에게 진심 어린 애정을 쏟을 줄 알아야, 타인에게도 건강한 사랑을 나누어 줄 수 있는 것이다. 스스로 사랑하는 것은 나를 돌보고 성장시키며, 자신에게 부정적인 감정을 덜어내고 긍정적인 영향을 주는 근본적인 태도이다. 하지만 간혹 어떻게 자신을 사랑해야 하는지 막막하게 느껴질 때면 하루를 마무리하며 오늘 내가 어떤 감정을 가장 많이 느꼈지? 와 같이 물어보자. 여기서 나올 수 있는 불안, 걱정, 우울과 같은 부정적 감정이 많았다고 해서 나쁘거나 실패한 것이 아니다. 먼저 자신의 감정을 솔직하게 인식하는 것이 출발점이다.

그러면서, 사소한 것이라도 난 오늘 이것을 해냈어! 라고 자신에게 말해주고 칭찬하자. 큰 업적이 아니더라도, 하루를 잘 버텨냈거나, 사소한 습관을 지켰다는 사실만으로도 자신을 칭찬할 자격이 있다. 완벽한 성취보다는 내가 어제보다 얼마나 나아졌는지, 새롭게 배우거나 느낀 것이 무엇인지를 돌아볼 때 실패와 좌절도 성장으로 가는 과정이 될 수 있다.

아울러, 자기 자신을 돌보는 것은 몸과 마음과 정신의 건강을 지키는 일 모두를 포함한다. 규칙적인 수면, 건강한 식사, 운동 습관을 기르고, 스트레스 해소를 위해 명상이나 가벼운 취미 활동을 즐기는 것도 좋고, 종이에 자신의 장점이나 잘하는 점 등을 적어본다. 나는 어떤 사람이지?, 내가 이룬 많은 것 중에 가장 의미가 있는 것이 무엇이지? 와 같이 잊고 살았던 나의 좋은 점들을 찾아보는 습관을 들이면 자신을 긍정적으로 바라보는 힘이 자연스럽게 커지게 될 것이다.

만약 자신을 다른 사람과 자꾸 비교하다 보면 점점 자존감이 낮아질 수 있기에 남과의 경쟁심 대신, 나 자신을 어제의 나와 비교하며 발전해 나간다는 마음가짐이 더욱 건강해 질 수 있다. 때로 우울감이나 자존감 문제로 어려움을 겪는다면 전문가의 도움을 받는 것도 하나의 방법이다. 이처럼 자신을 사랑하기 위해서는 스스로 관대하게 대하고 존중하며, 자신의 한계와 실패를 용납하는 태도가 필요하며 이미 충분히 사랑받을 수 있는 소중한 존재임을 인정하고, 자책 대신 자기 성장과 배움에 집중해 보면 좋겠다. 이를 통해 자신에게 베푸는 사랑이 결국 더 큰 에너지가 되어, 삶 속에 긍정적인 변화를 가져다줄 것이다.

내 인생의 상승전환

내 인생의 지속적인 하락을 끝마치고, 이제 상승하는 시기가 다가온다.

12. 사랑의 본질

　사랑의 본질은 인간이 살아가면서 경험하게 되는 가장 근본적이면서도 신비로운 감정이자 관계이다. 그 진정한 의미를 정확히 정의하기란 쉽지 않지만, 다양한 관점에서 사랑이 우리 삶에 어떤 의미를 지니고 있는지 살펴보면 사랑은 단순히 개인의 감정이나 열정에만 국한되지 않고, 상대방과의 상호작용 속에서 더욱 빛남을 알 수 있게 된다. 사랑은 대상을 향한 긍정적인 감정에서 출발하지만, 진정한 사랑은 상대방의 행복과 성장, 그리고 고통에 공감하고 책임감을 느끼는 것에 있기 때문이다. 나아가 서로의 존재가 삶의 유의미함을 느끼게 해 줄 때, 사랑은 더욱 깊어질 수도 있다.

또한, 상대방을 독립적인 인격체로 존중하고, 그의 가치관과 개성을 인정하며 서로가 서로에게 긍정적 자극을 주며, 함께 성장하고 발전해 나가는 과정이 꼭 필요하다. 사랑의 또 다른 본질적 특징은 헌신과 희생인 데, 누군가를 진심으로 사랑한다는 것은 때로 자신의 욕구와 편안함보다 상대방의 안녕과 이익을 우선시하는 것을 의미한다. 그러나 여기서 주의할 점은, 자신을 지나치게 희생하면서 상대방을 의존적으로 만들어서는 안 된다. 사랑에 기반한 헌신과 희생은 서로의 자유와 자율성을 해치지 않으며, 오히려 그 속에서 더 큰 연대감과 유대감을 형성하는 것이 중요하기 때문이다.

사랑이 깊어질수록 상대방의 내면세계에 대한 이해와 공감 능력 또한 중요해진다. 겉으로 드러난 말과 행동뿐 아니라, 상대방이 처한 상황과 감정 상태를 이해하려 애쓰고, 실질적인 도움과 지지를 제공하는 것이 사랑이 가진 큰 힘이다. 때로는 말 없는 위로와 가만히 곁에서 함께 있어 주는 태도가 상대방에게 커다란 안도감을 줄 수 있다. 사랑은 개인의 자아실현과 성장을 이끄는 강력한 동기를 부여한다. 사랑하는 대상의 존재가 자극제가 되어, 새로운 도전을 시도하고 잠재력을 꽃피우는 계기가 될 수도 있다. 아울러, 사랑은 함께 이루고 싶은 목표나 꿈을 구체화하여, 이를 바탕으로 미래를 설계할 수 있으며 사랑받고 있다는 안정감이 자기 존중감을 높이고, 더 풍요로운 내면을 형성해 주기도 한다.

사랑은 부모와 자식 간의 사랑, 연인 간의 사랑 등 다양한 형태로 나타난다. 각 사랑에는 저마다의 성격과 방식이 있지만, 그 공통점은 상대방을 향한 긍정적인 마음으로 시작하여 서로에게 좋은 영향을 주고받는 관계라는 점이다. 결국 사랑의 본질은 상호 존중, 헌신과 희생, 공감과 이해를 바탕으로 하는 상호작용이며, 이를 통해 함께 성장해 나가는 과정이라 할 수 있겠다. 인간은 누구나 사랑을 통해 삶의 의미와 가치를 찾고, 자신을 초월한 존재와의 깊은 유대감을 형성하게 되기에 사랑은 인간의 가장 본질적이고도 고귀한 감정이자, 함께 살아가는 세상을 더욱 풍요롭게 만드는 힘이 되는 것이다.

내 인생의 상승전환

내 인생의 지속적인 하락을 끝마치고, 이제 상승하는 시기가 다가온다.

13. 새로운 일을 하고 싶은데, 결정을 내리기 위한 명분이 필요하다면?

새로운 일을 시작하려 할 때는 누구에게나 왜? 라는 질문이 따라붙는다. 그 질문에 대해 스스로 설득력 있게 답할 수 있다면, 그것이 곧 새로운 일을 하고 싶은 명분이 된다. 기존에 익힌 것만으로는 더 이상 성장이 어렵다고 느낄 때, 새로운 일을 통해 새로운 기술, 지식, 경험을 쌓게 되면 더욱 발전할 수 있다. 가령, 새로운 프로젝트나 역할에서 지금까지 배운 역량을 적용해 보고, 그 과정에서 한 단계 더 도약하는 것이다. 또한, 현재의 직무나 업계가 내 적성과 잘 맞지 않거나, 내 가치를 실현하기에 제한이 많다고 느껴질 때 결단을 내릴 수 있는 근거가 된다. 내가 진짜 잘할 수 있고, 하고 싶은 일에 도전해 보자는 마음가짐으로 임할 때, 커리어 전환의 명분이 되는 것이다.

아울러, 회사 혹은 프로젝트의 미션과 비전이 내가 추구하는 가치와 일치할 때, 더 큰 열정을 가지고 몰입할 수 있다. 가령, 지속 가능성, 사회적 가치, 혁신 등 본인이 진정으로 의미 있다고 생각하는 가치를 실천할 수 있는 환경을 찾아 옮기는 것이다. 보수, 복지, 워라밸, 문화 등 현재 환경이 만족스럽지 않을 때 새로운 기회를 모색할 이유가 되는데, 자기계발에 도움이 되는 회사인지, 자율적이고 수평적인 조직문화를 보유하고 있는지, 해외 근무 기회가 있는지 등을 잘 따져 봐야 한다.

또 하나의 명분은 새로운 환경에서 더 넓은 네트워크를 구축할 수 있고, 다양한 협업을 통해 시야를 넓힐 수 있는지 살펴봐야 하는데, 이 경우 업계 선배, 동료, 멘토와의 만남이 미래 커리어에 큰 자산이 될 수 있기 때문이다. 또한, 일정 기간 같은 업무를 반복하다 보면 창의력이 고갈된다면, 새로운 프로젝트나 역할에서 열정과 아이디어를 마음껏 발휘할 수 있을 것이다. 가령, 새로운 시도를 두려워하지 않는 업무 환경에서 자유롭게 아이디어를 제안하고 실험해 볼 수도 있다. 이처럼 새로운 분야에 발을 들이는 것은 물론 리스크가 있지만, 그 위험을 극복하면서 얻게 되는 성취감은 커다란 보상이 뒤따른다. 안전한 길에서 벗어나 자신감과 문제 해결 능력을 키우는 과정으로 경험하다 보면 업계 트렌드가 빠르게 바뀌고, 미래 시장에서 중요한 역량을 확보할 수 있기에 지금 선택할 수 있는 최선의 기회를 잡는 것이 중요하다.

 각 개인이 명분을 만들 때 나에게 가장 중요한 가치는 무엇인가?, 현 직장에서 내가 더 이상 얻기 힘든 점은 무엇인가?, 새로운 일을 통해 어떤 변화를 이루고 싶은가?, 5년, 10년 후 내가 원하는 모습과 얼마나 맞아떨어지는가?, 외적인 조건 외에, 내 안에서 불꽃을 일으키는 진짜 이유는 무엇인가? 등 자신이 중요하게 여기는 가치와 새로운 일을 시작함으로써 얻을 수 있는 구체적인 목표가 장착되면, 그 자체가 훌륭한 명분이 된다. 왜? 라는 질문에 대해 자신 있게 이야기할 수 있는 근거를 마련해 보면 더욱 좋겠다. 그러면 새로운 도전에 대한 동기가 더욱 뚜렷해지고, 주변 사람을 설득하거나 스스로 결정을 내릴 때도 흔들림이 줄어든다. 새로운 일을 시도하는 과정에서 많은 깨달음과 성장을 경험할 수 있다는 설렘이 곧 가장 강력한 명분이 되는 것이다.

내 인생의 상승전환

내 인생의 지속적인 하락을 끝마치고, 이제 상승하는 시기가 다가온다.

14. 관심을 받을 것인가? 관심을 줄 것인가?

여러분은 관심을 받고 싶은지, 아니면 관심을 줄 것인지? 로 물으면 어느 쪽에 해당하시나요? 사람이라면 누구나 관심받고 싶은 마음과 관심 주고 싶은 마음을 동시에 갖고 있다. 단순히 둘 중 하나를 골라야 하는 문제라기보다는, 이 두 마음 사이에서 스스로 균형점을 찾아가는 과정이 중요하다. 어떤 때에는 나를 향한 관심이 필요하고, 또 어떤 때에는 내가 누군가에게 관심을 주는 역할이 필요하기 때문이다.

관심받고 싶은 마음 자체는 지극히 자연스러운 욕구이다. 사람은 인정받고 싶고 소속감을 느끼고 싶고, 사랑을 받고 싶어

한다. 다만 너무 이를 갈망하다 보면, 과도하게 남의 시선이나 평가에 휘둘림을 당할 수 있다. 적절한 자기 돌봄Self-care과 자존감을 바탕으로, 내가 왜 관심을 원하는지 그 이유를 스스로 알아차리는 일 또한 중요하다. 나의 내면적 욕구인지, 혹은 외부의 시선에 대한 불안에서 비롯된 것인지 등을 솔직하게 인식해 봐야 한다.

관심을 준다는 것은 내가 다른 사람의 필요나 감정을 헤아리고, 배려와 공감으로 그들을 대하는 태도이다. 그저, 잘 지내? 정도로 형식적인 대화가 아니라, 상대가 필요한 부분을 세심히 살피고, 경청해 주는 태도가 중요하다는 말이다. 상대방을 진심으로 이해하려는 마음이 있다면, 그 상대도 나를 자연스럽게 이해하고 존중해 줄 수 있다. 결국, 관심을 준다는 것은 신뢰적인 관계의 선순환 구조를 만들 수 있게 한다.

너무 받기에만 몰두하면 자칫 관계가 이기적으로 흐를 수 있고, 늘 다른 사람들의 반응에만 민감해질 수 있다. 반대로 너무 주기에만 몰두하면 스스로 소진Burn-out 될 수 있다. 나 자신을 위해 투자할 시간이나 에너지가 부족하면 결국 지치게 된다는 말이다. 관계에 있어서 가장 중요한 것은 내가 나다울 수 있는 편안한 상태를 찾는 것이 중요하다. 이 말은 인생을 살다 보면 좋을 때와 안 좋을 때가 있는데, 안 좋을 때는 정말 편안한 상태를 유지하는 것이 필수 요소이기 때문이다. 나만의 방식으로 관심을 표현하고, 또 그러한 관계 속에서 인정받을 때만이 우리는 진정한 행복을 느끼게 된다.

아울러, 인간관계는 상황과 시기에 따라 달라진다. 한창 바쁘고 힘든 시기에는, 다른 사람에게 관심을 줄 여력 자체가 부족할 수 있다. 이러한 시기에는 오히려 도움과 관심을 받는 편이 맞을 수도 있으며 반대로 마음에 여유가 있는 시기에는, 주변 사람들에게 관심을 기울임으로써 더 깊이 있는 관계를 만들어가는 기회가 될 수 있다. 따라서, 관심을 받고 싶다 vs. 관심을 주고 싶다는 선택의 문제라기보다, 상황과 관계에 따라 서로를 살피며 균형을 찾는 과정이라 할 수 있다. 중요한 것은 스스로 있는 그대로 존중하고, 타인에게도 진심으로 다가가려 하는 태도이다. 관심을 주고받는 것은 결국 상호작용이기 때문에, 두 가지 마음을 모두 존중하며 나와 상대 모두가 건강하고 편안한 관계를 맺어나갈 수 있도록 노력하는 일이 가장 좋다는 것이다.

내 인생의 상승전환

내 인생의 지속적인 하락을 끝마치고, 이제 상승하는 시기가 다가온다.

15. 당신의 꿈을 확장할 것인가? 축소할 것인가?

꿈을 확장할 것인가, 축소할 것인가? 는 인생의 중요한 결정과 관련된 몽상적이면서도 현실적인 이야기이다. 가령, 내가 품고 있는 꿈의 핵심 가치는 무엇인가?, 이 꿈이 내 삶에 어떤 의미이며, 이를 통해 어떤 가치를 세상에 제공할 수 있는가?, 꿈을 축소하거나 확장했을 때 그 본질이 어떻게 바뀌는가?, 나의 시간, 에너지, 재정적 자원은 어느 정도인가?, 현재 상황에서 확장 가능한가?, 아니면 잠시 축소하여 에너지를 비축할 필요가 있는가? 등 다양한 질문이 이어질 것이다. 여기에 대한 답은 꿈을 무조건 확장한다고 해서 성공으로 이어지는 것은 아니다. 반대로 축소한다고 해서 실패를 의미하지도 않는다. 단기적으로 축소하고 장기적으로 확장할 계획을 세울 수도 있다.

 꿈을 확장했을 때의 위험과 그에 따른 보상은 무엇인가?, 축소했을 때 얻을 수 있는 안정성과 포기해야 할 기회는 무엇인가? 등을 잘 따져 본 후 나의 내면은 어떤 방향을 더 간절히 원하고 있는가? 와 같이 이러한 열망이 현실적으로 실행 가능한지를 사전에 점검해 보는 것이 중요하다. 결국 꿈을 확장할지 축소할지는 현재 상황과 장기적인 비전에 따라 다르므로, 꿈이 크든 작든 중요한 것은 지속 가능성과 자신만의 길을 만들어 가는 과정임을 명심하고, 꿈의 크기보다 중요한 것은 내가 그 꿈을 향해 매일 어떤 걸음을 내딛느냐일 것이다.

여러분의 꿈은 확대, 확장, 확산을 지속하고 있나요? 아니면 축소, 감축, 삭감으로 진행되고 있나요?

내 인생의 상승전환

내 인생의 지속적인 하락을 끝마치고, 이제 상승하는 시기가 다가온다.

16. 생각이 다르고 추구하는 가치가 다르면, 상호에너지는 합성되지 않고 상쇄되기 시작한다.

서로 다른 생각과 가치를 가진 사람들이 만나면 그 차이로 인해 협력이 어려워지거나, 상호 간의 에너지가 합성되지 않고 상쇄될 수 있다. 이는 각자가 가진 목표나 철학이 다를 때 특히 더 강하게 느껴질 수 있다. 협력적인 환경을 만들기 위해서는 각자의 차이점을 이해하고 존중하며, 공통된 목표를 설정하거나 서로 보완할 수 있는 부분을 찾는 것이 중요하다. 서로의 관점 차이를 부정하기보다는 그 차이를 통해 더 나은 방안을 모색하고, 때로는 타협하거나 융합하여 새로운 길을 열어가는 것이 협력의 본질이다.

하지만 근본적으로 추구하는 가치가 너무 다를 경우, 서로의 에너지가 상쇄되는 현상은 피하기 어렵다. 이런 경우 각자의 길을 존중하며 독립적인 발전을 모색하는 것이 오히려 더 건설적인 선택이 될 수 있다. 더 나아가 가치와 생각이 다를 때라도 열린 마음으로 대화하고 소통하는 자세를 유지한다면, 갈등의 가능성을 줄이고 상호 이해를 증진할 수 있으며, 이를 극복하지 못하면 상호에너지는 상쇄되면서 결국 소멸의 길로 들어선다. 따라서, 좋은 사람이 아니면 무소의 뿔처럼 혼자서 가게 되는 것이다.

내 인생의 상승전환

내 인생의 지속적인 하락을 끝마치고, 이제 상승하는 시기가 다가온다.

17. 새로운 사람을 만나기 두려운 이유와 그 극복 방법

새로운 사람을 만나는 것이 두려운 이유는 새로운 사람을 만날 때, 상대방이 나를 받아들이지 않거나 거부할 것이라는 두려움을 느낄 수 있기 때문이다. 이는 자존감이 낮거나 과거에 부정적인 경험을 했던 사람들에게 특히 흔하다. 또한, 사람들이 새로운 상황에서 어떻게 행동해야 할지 몰라 불안감을 느끼게 될 수 있다. 이는 자신이 부적절하거나 어색하게 보일 것을 염려하기 때문이다. 아울러, 새로운 사람과의 만남은 자신을 소개하고 표현해야 하는 자리인데 이 과정에서 평가받는 느낌이 들고, 이에 대한 부담으로 인해 두려움이 생길 수 있다는 말이다.

한편으로 과거에 인간관계의 상처를 받았거나 실망한 경험이 있다면, 새로운 관계를 시작하는 데 주저하게 될 수도 있다. 새로운 사람을 만나는 것은 익숙하지 않은 환경에서 이루어질 가능성이 커서 내가 잘 보일까?, 말을 잘할 수 있을까? 와 같은 걱정은 자기 이미지를 과도하게 의식하게 만들어 두려움을 증폭시킬 수 있기에 한 번에 많은 사람을 만나는 것보다는 한 명씩 천천히 관계를 쌓아보는 것도 좋다.

모든 면에서 완벽할 필요가 없다는 사실을 받아들이고, 자연스러운 모습을 보여주면서 대화하고, 불안하면 심호흡을 통해 긴장을 완화하면 된다. 모든 만남이 성공적일 필요는 없으니, 결과보다는 경험 자체에 집중해 보는 것이 좋다. 새로운 만남은 불확실성과 불안정성을 내포하고 있지만, 이를 통해 한 단계 더 성장하고 더 풍부한 인간관계를 형성할 기회를 가질 수 있을 것이다.

내 인생의 상승전환

내 인생의 지속적인 하락을 끝마치고, 이제 상승하는 시기가 다가온다.

18. 우리가 아는 만큼 세상이 보이는 이유

우리가 아는 만큼 세상이 보이는 이유는 우리가 살아오면서 쌓은 지식과 경험이 우리의 세계관과 인식을 형성하기 때문이다. 인간의 뇌는 복잡한 정보를 처리할 때 기존의 지식과 경험을 바탕으로 새로운 정보를 해석한다. 이는 우리가 이미 알고 있는 정보는 새로운 정보를 해석하고 이해 함에 있어 필터 역할을 하기 때문이다. 가령, 특정 분야에 대한 지식이 풍부할수록 그 분야와 관련된 세부 사항을 더 잘 이해하고 인식할 수 있는 것이다.

또한, 개인의 다양한 경험은 세상을 보는 시각에 큰 영향을 미친다. 이러한 경험을 통해 축적된 지식은 새로운 상황이나 문제를 접할 때 기존의 경험을 바탕으로 재해석하게 만든다. 인간의 뇌는 정보를 처리하는 데 한계가 있기에 우리는 세상을 완벽하게 이해하거나 인식할 수 없으며, 제한된 지식과 자원을 바탕으로 분석하게 된다. 아울러, 기존의 지식과 경험은 때때로 편견이나 선입견을 형성할 수 있다. 이는 새로운 정보를 객관적으로 받아들이는 데 방해가 될 수 있으며, 세상을 보는 시각을 제한할 수 있다는 말이다.

 반대로, 새로운 지식을 습득하고 기존의 지식을 확장함으로써 우리는 세상을 넓게 그리고, 깊게 이해할 수 있게 된다. 학습과 경험을 통해 인지적 구조가 변화하면서 세상을 보는 시각도 변화하게 되기 때문이다. 결국, 우리의 지식과 경험은 세상을 인식하고 이해하는 데 있어 필수적인 역할을 한다. 동시에 이러한 요소들이 우리의 인식을 제한할 수도 있기에, 지속적인 학습과 열린 마음가짐을 갖는 것이 필요하다. 이를 통해 더 넓은 시각으로 세상을 바라보고 깊이 있는 이해를 추구하는 것이 개인의 경험치를 확대, 확산, 확장하는 차원에서 중요하다는 것이다.

제 2장

지속(Continue)

내 인생의 상승전환

내 인생의 지속적인 하락을 끝마치고, 이제 상승하는 시기가 다가온다.

19. 감사의 긍정적인 효과

 감사(感謝)는 일상에서 소중한 가치와 긍정적인 요소를 인식하고, 이에 대한 고마움을 표현하는 마음가짐을 말한다. 최근 심리학, 뇌과학 등의 여러 연구 결과에 따르면 감사 습관을 꾸준히 실천할 경우, 삶의 질을 높이고 건강에도 긍정적인 영향을 준다고 알려져 있다.

 감사 일기를 쓰거나 주변 사람, 환경에 대한 고마움을 표현함으로써, 일상에서 삶의 의미를 발견하고 긍정적 감정을 더 자주 경험하게 될 수 있다. 이를 통해, 나는 감사할 일이 많은 사람이라는 인식을 강화하여 전반적인 행복감을 높이는 데 도움을 주게 된다. 또한, 감사는 분노, 우울, 불안과 같은 부정적 정서를 줄여 준다. 감사의 마음을 느낄 때 뇌에서 분비되는 세로토닌, 도파민 등의 신경전달물질은 스트레스 반응을 억제하고, 편안한 기분 상태를 만드는 데 도움을 주기 때문이다. 아울러, 감사에 집중하다 보면 좌절, 실패, 스트레스 상황에서도 긍정적 상황을 인식할 수 있게 된다. 이는 환경적·심리적 난관에 맞설 수 있는 지속 회복 가능성을 키워, 우울증이나 불안장애 등의 위험을 낮추어 주기 때문이다.

감사는 긍정적 감정이 유지될 때 스트레스 호르몬인 코르티솔 분비가 줄어들어 전반적인 면역 기능이 향상되는 경향이 있다. 또한, 명상과 함께 감사한 일을 떠올리며 잠자리에 들면 안정을 찾기 쉬워, 수면이 한결 더 깊게 이어질 수 있다. 숙면은 신체 회복과 정서적 안정을 위해 매우 중요하다. 아울러, 스트레스 수준이 낮아지면 혈관이 확장되고 혈압이 완화되며, 심장박동에 대한 부담도 줄어든다. 이를 통해, 심혈관계 질환의 위험성 완화에도 도움이 될 수 있다.

감사의 표현은 상대방에게 내가 소중하게 여기고 있다는 메시지를 전하며, 상호 간의 신뢰와 친밀감이 높아지게 도와준다. 또한, 갈등 상황에서도 상대방에 대한 긍정적인 면을 찾아 감사할 부분을 인식하다 보면, 극단적 감정 대립이 완화될 수 있어 서로에 대한 존중과 배려도 함께 높아진다. 아울러, 감사 습관이 있는 사람들은 나눔과 이타적인 행동에 좀 더 적극적인 태도를 보인다. 이는 가정·직장·지역사회 전체에 긍정의 선순환을 이끌어, 협력과 연대 의식을 높이게 한다.

감사하는 방법을 극대화하기 위해서는 매일 혹은 주 1~2회 정도, 그날 감사한 일이나 순간을 짧게라도 기록해 보는 것이 좋다. 구체적으로 기록할수록 자신의 감정을 더 생생하게 느낄 수 있기 때문이다. 주변 사람들에게 감사의 이유를 구체적으로 적어 손 편지를 보내거나 직접 전달할 때, 상대방과의 관계가 돈독해지고 자신도 뿌듯함을 느낄 수 있다. 잠자리에 들기 전 혹은 아침에 일어났을 때, 그날 또는 어제에 감사했던 일을 1~2가지 떠올려 본다. 이는 작은 일이더라도 좋다. 이를 습관화하면 자연스럽게 긍정적 에너지가 강화될 수 있다.

가족, 친구, 동료에게 감사함을 담은 말 한마디라도 전하면 더욱 좋다. 부드러운 목소리와 올바른 태도로 고마워, 잘했어, 덕분이야 등 짧은 문장이라도 일상적인 대화를 통해 자주 전달하면 긍정의 피드백이 예상하지 못하게 본인에게 돌아올 수 있다. 때로 감사 명상으로 현재에 집중하고 감사이 대상을 하나씩 떠올리며 감사의 마음을 느끼고, 명상과 호흡 조절을 통해 스트레스가 어느 정도 해소됨을 피부로 느낄 수 있게 된다.

감사는 단순히 예절이나 사회적 의무에 그치는 것이 아니라, 우리의 심리·신체적 건강을 두루 향상하고 인간 상호 간의 관계를 더욱 풍요롭게 만들어 주는 강력한 긍정의 습관이다. 작은 감사의 실천이라도 꾸준히 지속할 때, 더 높은 행복감과 안정감을 경험할 수 있으며 내 주변의 소소한 일상, 사람, 환경에 관심을 기울이며 그 고마움을 자주 표현해 보면 좋겠다. 그것이 우리의 삶을 더욱 빛나게 하는 좋은 출발점이 될 것이다.

내 인생의 상승전환

내 인생의 지속적인 하락을 끝마치고, 이제 상승하는 시기가 다가온다.

20. 책의 수만큼 저자는 많지만, 자신의 인생책은 곧 자신이 저자다.

현존하는 책의 수만큼 저자는 수없이 많지만, 자신의 인생책은 자신이 곧 저자라는 의미는 인생이라는 긴 여정에서 누군가의 조언이나 가르침을 참고할 수는 있지만, 결국 자신의 삶은 스스로가 책임지고 만들어 나가야 한다는 것이다. 다양한 사람들의 경험과 통찰을 담은 책들은 우리에게 훌륭한 인생 길잡이가 될 수 있다. 책 속 저자들은 다양한 목소리로 자신의 삶을 이야기하고, 때로는 독자들에게 용기를 주거나 통찰의 길을 열어준다. 하지만 그것들을 아무리 열심히 읽어도, 내 삶의 진짜 작가가 되어 주는 존재는 오직 나 자신뿐이다. 인생의 높낮이가 있는 페이지마다 어떤 문장, 어떤 사건, 어떤 사람을 등장시킬지를 결정하는 것은 결국 나의 선택이고, 그 선택의 결과가 하나씩 모여 내 인생의 실제 서사가 된다. 좋은 저서로부터 지혜를 얻고, 훌륭한 저자들의 문장을 통해 생각의 키를 높이더라도, 내 삶을 어떻게 전개해 나갈지는 내가 쥐고 있는 펜 끝에 달려 있다는 사실을 알고 행하는 것이 중요하다.

 모든 책에는 그 책마다 저자들이 있듯이, 내 인생이라는 책도 그 주인공이자 저자인 여러분이 직접 써 내려가야 하는 것이다. 그 책임과 기쁨, 두려움과 희망을 동시에 품고 가는 것이 삶의 묘미이자 역동성이기 때문이다. 따라서, 언젠가 자신의 인생을 뒤돌아봤을 때, 나만의 서사가 한 권의 인생책이 되어 있음을 깨닫게 되는 그날을 지금부터 준비해 나가자.

내 인생의 상승전환

내 인생의 지속적인 하락을 끝마치고, 이제 상승하는 시기가 다가온다.

21. 힘내라 힘, 응원은 긍정의 힘이다.

응원이란 누군가의 마음에 따뜻한 바람을 불어넣어 주는 일이다. 때로는 짧은 한마디가 마음의 무거운 짐을 덜어 주고, 한발 더 나갈 수 있게 동기를 불어 넣어 준다. 누군가를 응원한다는 것은 단순히 잘했어!, 너라면 할 수 있어! 라는 말만을 의미하지 않는다. 그 사람의 자리에서 함께 고민해 주고, 기쁘면 함께 기뻐하고 슬프면 함께 울어 주는 진솔한 마음을 내보이는 것이다. 이러한 마음과 태도는 지친 이들에게 새로운 용기와 희망을 심어 줄 수 있다.

응원의 힘은 예상보다 훨씬 강력하다. 누군가의 진심 어린 지지가 있을 때 우리는 넘어지더라도 일어설 수 있고, 두렵더라도 도전할 수 있다. 작은 응원 한 마디가 누군가에겐 오랫동안 가슴속에 남아 삶의 이정표가 되기도 한다. 누군가가 지쳐 있을 때, 지지와 인정이 담긴 따뜻한 말 한마디를 건네 보면 어떨까? 너와 함께, 충분히 잘하고 있어! 라는 말이 그 사람에게는 긴 터널을 벗어나게 하는 작은 빛이 될 수도 있다. 그리고 상대방을 응원하면서 자기 자신도 긍정적인 에너지를 받게 된다.

 따뜻한 응원은 결국 우리 모두에게 선물이 된다. 서로를 지지하고 믿어 주며 손을 잡아줄 때, 사회도 더욱 따뜻하고 건강한 곳이 될 수 있다. 지금 그리고, 이 순간 소중한 사람들에게 따뜻한 응원의 말을 건네 보는 건 어떨까? 그것이 바로 우리가 함께 성장할 수 있는 길이 될 것이다.

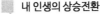
내 인생의 상승전환

내 인생의 지속적인 하락을 끝마치고, 이제 상승하는 시기가 다가온다.

22. 기록은 힘이다.

기록은 일상에서 우리가 경험하고 배우는 모든 일을 단순히 기억의 영역에만 머물게 하지 않고, 기록이라는 객관적 형태로 남김으로써 얻게 되는 다양한 이점이 있다. 글, 사진, 영상 등 여러 형태의 기록이 있지만, 특히 글로써 남기는 기록은 모든 시작이자 끝이다. 우리의 뇌는 모든 정보를 온전히 저장하지 못한다. 시간이 지날수록 감정이 덧씌워지거나 휘발되기도 하는데, 기록해 두면 과거의 사실적인 정보와 감정, 생각을 생생하게 되살릴 수 있다.

또한, 책에서 읽은 내용, 강연에서 들은 이야기, 혹은 일터나 삶에서 배운 점도 메모나 일기로 남겨 두면 잊어버리는 것을 방지할 수 있다. 기록은 생각이나 감정을 글로 정리하면서 자기 객관화가 쉬워지게 한다. 머릿속에서 막연하게 떠다니던 고민을 구체적 문장으로 작성해 보면, 문제 상황을 더 명확하게 인식하고 해결 방법을 찾게 된다. 언제든 다시 꺼내 보며 발전시킬 수 있고, 오류나 미흡한 부분이 있다면 교정하고 보완하면서 사고의 깊이와 완성도가 높아지게 된다.

아울러, 하려는 일을 보이는 형태로 기록하면 동기 부여를 할 수 있다. 가령, 업무 일지나 운동 일지를 꾸준히 작성하면 스스로 점검하며 목표를 향해 점차 나아갈 수 있게 되는 것이다. 이에 매일 혹은 정기적으로 기록하는 습관 자체가 삶의 질을 높여 주게 되어 몇 일, 몇 주, 몇 달, 몇 년 후에 기록을 돌아보며 과거의 자신과 비교하면 성장과 변화가 확실하게 보이게 되는 것이다. 이는 커다란 성취감과 만족감을 덤으로 받을 수 있게 한다.

기록을 통해 생각이나 경험을 글로 풀어서 공유하면, 같은 상황을 겪거나 비슷한 고민을 하는 사람들과 깊은 공감을 나눌 수 있고, 개인의 사소한 기록이라도 여러 사람과 연결될 때 커다란 지식과 데이터베이스(DB)가 되어 이것이 사회적으로도 큰 가치를 만들어 내기도 한다. 또한, 특정 분야의 일을 하는 사람이 작업 과정, 업무 노하우 등을 일상적으로 기록하면 스스로 전문성을 높이는 한편, 다른 사람들과 실전 노하우를 공유할 수도 있게 된다.

이처럼 기록은 단순히 정보를 남기는 행위가 아니라, 과거를 분석하고 현재를 바로 보아 미래를 재설계하게 하는 강력한 도구이므로, 짧은 메모에서부터 본격적인 글쓰기까지 조금씩이라도 지속해서 기록하는 습관을 들인다면 인생의 다양한 면에서 긍정적인 변화를 경험할 수 있을 것이다.

■ 내 인생의 상승전환

내 인생의 지속적인 하락을 끝마치고, 이제 상승하는 시기가 다가온다.

23. 통찰력이 미래를 현실로 만든다.

통찰력이 미래를 현실로 만든다는 것은 단지 앞을 내다보는 능력을 넘어서 가능성을 구체적으로 실현해 내는 힘을 말한다. 통찰력을 갖춘 사람은 미래에 일어날 수 있는 일들을 미리 상상하고, 그중 가치 있다고 여겨지는 방향을 구체적으로 설계하여 실행으로 옮기는 능력이 있다. 가령, 혁신적인 기업가나 과학자는 막연한 상상이 아니라 근거 있는 예측과 분석을 바탕으로 연구 혹은 상품과 서비스를 개발해, 결과적으로 이전에는 없던 미래를 현실화시킨다. 이렇듯 통찰력은 단순한 아이디어 차원에 머물지 않고, 문제 해결을 위한 방향과 전략을 구체화하여 실제로 행동에 옮기도록 돕는다.

이게 가능한 이유는 여러 분야에서 폭넓게 정보를 수집하고, 이를 날카롭게 분석하고 이러한 과정에서 지혜가 쌓이면서 미래를 예측할 단서를 찾을 수 있기 때문이다. 또한, 산발적으로 보이는 정보들 가운데 중요하고 본질적인 문제를 발견하고 정의하게 된다. 이처럼 통찰력이 뛰어난 사람일수록 핵심을 빠르게 간파하여 더 효과적인 문제 해결이 가능하다. 즉, 문제를 어떻게 해결할지를 비전과 구체적 전략으로 발전시키고, 미래에 대한 상상에서 그치지 않고, 실행 가능한 계획을 세울 수 있다는 말이다. 이후 행동으로 옮기고, 그 결과를 통해 꾸준히 개선점을 찾아내 최종 목표에 더 가까워지도록 보완해 나가게 한다.

결국 통찰력이 미래를 현실로 만든다는 말은 미래를 단순히 예측하는 것을 넘어 그 가능성을 열고 실천해 나가는 태도와 능력을 말하며 태도와 능력이 뒷받침될 때, 손에 잡히지 않았던 비전이 구체적인 성과와 산출물로 현실화하는 기쁨을 맛볼 수 있게 될 것이다.

내 인생의 상승전환

내 인생의 지속적인 하락을 끝마치고, 이제 상승하는 시기가 다가온다.

24. 평온함은 곧 유토피아다.

평온한 상태가 곧 유토피아라는 말은 인간이 바라는 이상향 (理想鄉)이 결국 내면의 평온과 안정에 있다는 말이다. 즉, 더 나은 삶이나 완벽한 공동체의 상징처럼 여겨지는 유토피아가 어딘가 외부 세계에 존재하기보다는, 자기 자신의 마음 상태에서 시작된다고 볼 수 있다. 다만 평온이 언제나 절대적 선함이 될 수 있을지는 좀 더 깊이 생각해 볼 필요가 있다. 가령, 완벽한 평온만을 추구하려면, 갈등이나 변화를 일으킬 수 있는 모든 요인을 제거할 수도 있게 된다. 그런데 과거를 돌이켜 볼 때, 인간의 발전이나 예술, 문화 등은 어느 정도의 갈등과 부딪힘을 통해 성장해 왔기 때문이다.

이처럼 내면의 충족 상태에 더 가까울 것인지, 사회 전반에 적용되는 상태인지, 혹은 둘 모두를 아우르는 이야기인지에 따라 다른 해석은 가능하다. 결론적으로, 평온한 상태가 곧 유토피아라는 말은 내면의 평화에서 시작하여, 개인은 물론 공동체 차원의 충만함을 추구해야 한다는 점에서 그 의미가 있겠다.

내 인생의 상승전환

내 인생의 지속적인 하락을 끝마치고, 이제 상승하는 시기가 다가온다.

25. 내 인생의 지속적인 하락을 끝마치고, 이제는 당신의 날개를 활짝 펼칠 때다.

현재, 지금, 이 순간이 바로 자신만의 능력과 잠재력을 발휘할 절호의 시기이다. 때로 현재에는 준비가 덜 되어 있다고 주저하거나 망설이는 순간이 있을지라도, 자신의 가능성을 믿고 새로운 시작을 향해 지금부터 나아가라는 강렬한 메시지를 담고 있는 말이다. 당신이 하고자 하는 일에 용기와 자신감을 가지고 한 걸음 내딛길 응원하면서 더 큰 꿈을 꾸고, 그 꿈을 향해 힘차게 비상하길 바란다. 그러면 '꿈의 날개'에 대한 이야기를 본격적으로 해 보기로 하자.

꿈의 날개라는 표현은 흔히 꿈과 희망을 통해 자신이 원하는 목표를 향해 날아오르는 모습을 상징적으로 나타낸다. 이는 자신감, 열정, 그리고 용기를 가지고 미래를 향해 나아가겠다는 다짐을 담고 있다. 꿈을 이루기 위해 구체적이면서도 실현이 가능한 목표를 세우고, 단계별로 목표를 달성할 수 있는 실천계획을 수립하는 게 좋다. 또한, 작은 성공을 쌓아가며 꾸준히 노력하면서 필요한 경우 주변 사람들의 조언과 도움을 받는 것도 중요하다. 어려운 순간에도 꿈을 향한 열정을 잃지 말고 끝까지 도전하는 지금 그리고 이 순간 꿈의 날개 즉, 날개를 펼쳐 꿈에 날아오르는 것은 노력과 의지에 달려 있으므로 여러분의 꿈을 마음껏 펼치시길 바란다. 아울러, 적극적인 응원과 지지를 보낸다.

■ 내 인생의 상승전환

내 인생의 지속적인 하락을 끝마치고, 이제 상승하는 시기가 다가온다.

26. 끈기를 가진 사람이 지속성을 유지하면 벌어지는 일은?

실패는 멈춤이다. 성공은 지속 중에 일어난다. 한마디로 포기하지 않으면 성공한다는 말이다. 포기하지 않는다는 말은 지속성을 유지한다는 말이다. 그런 지속성을 유지하면서 끈기를 가진 사람이라면 그 효과는 '묻고 더블로 가!'가 된다. 끈기를 가진 지속의 힘은 삶의 여러 영역에서 성공과 성장을 이끄는 중요한 요소이다. 이는 단순히 목표를 향해 한 걸음씩 도전해 가는 과정에서의 의지와 노력을 넘어, 역경이나 실패 속에서도 멈추지 않고 꾸준히 나아가는 자세를 말한다.

장기적인 목표를 이루기 위해서는 일관된 노력이 필요하다.

끈기를 통해 어려움이 있을 때조차 꾸준히 시도하게 하고, 지속적인 노력은 결국 좋은 결과로 이어진다. 실패나 좌절은 실행 과정에서 피할 수 없는 부분이나 끈기를 통해 다시 일어나 시도한다면, 실패는 성장의 발판이 될 수 있다. 좋은 습관은 반복과 지속적인 실천에서 비롯되며, 끈기를 통해 새로운 기량 Skill이나 습관을 형성하면 삶의 질이 크게 향상된다. 또한, 끈기 있게 무언가를 성취하면 자신에 대한 믿음, 즉 자기 효능감이 높아진다. 이는 새로운 도전 과제에서도 긍정적인 자세를 유지할 수 있다.

크고 먼 목표보다는 작고 실행이 가능한 목표를 설정하여 성공 경험을 쌓아 나가면서, 왜 이 목표를 이루고자 하는지에 대한 이유를 명확히 하면 초심의 동기를 잃지 않고 지속할 수 있게 된다. 아울러, 실패는 학습의 기회로 삼아 실수에서 배우고 그것을 수정하려는 태도가 중요하다. 이때, 자신을 지지하고 동기를 부여하는 사람들과 함께하며, 긍정적인 환경을 유지하면서 끈기와 지속의 힘을 믿고 나아가자. 이러한 행동은 한순간에 만들어지지 않으므로, 작은 발걸음을 꾸준히 내디디며 그 과정을 의도하지 않고 즐길 때만이 목적하는 바가 현실로 이루어지게 될 것이다.

내 인생의 상승전환

내 인생의 지속적인 하락을 끝마치고, 이제 상승하는 시기가 다가온다.

27. 인생은 소풍이자 깨달음을 얻는 과정이다.

지구가 평평하다는 평면설을 주장하던 시대가 있었다. 이때는
지구가 둥글다고 말하면 '돌아이'가 되던 시절이었다. 사실과
증거 그리고 근거 제시를 통해 가치가 증명된 지금, 현재의 사
람들은 지구가 평평하다고 말하는 사람을 반대로 '돌아이'라고
부른다. 사실과 증거를 기반한 진리를 확보할 때까지 많은 깨
달음을 얻는 과정이 바로 인생 곧 삶이다. 즉, 인생은 여행이
자 소풍이며 그 안에서 깨달음을 선물로 얻게 되는 과정의 연
속인 것과 같은 맥락이다.

인생의 깨달음이라는 말은 한마디로 정리하기 어려울 정도로

깊고 넓은 주제이다. 살아가면서 우리는 끊임없이 시행착오를 겪고, 그 과정에서 매 순간 무엇인가를 배운다. 깨달음은 사람마다 상황과 환경이 다르기에 정답이 있는 것이 아니다. 그러나, 누구나 완벽해지고 싶은 마음은 있다. 그러나, 모든 일을 완벽하게 해내려는 강박관념은 때로 우리를 지치게 만들고, 도전을 망설이게 한다. 완벽함이 아닌 현재의 나를 온전하게 발전시키는 것을 목표로 삼으면, 시행착오도 배움의 과정으로 받아들이고 매 순간 성장할 수 있다.

또한, 우리는 흔히 자신의 시각에 갇혀 타인을 이해하기 어려워한다. 인생의 많은 갈등은 내가 만약 저 사람이라면 어떻게 느낄까? 라는 단순한 질문에서부터 풀릴 수 있다. 이는 역지사지의 정신으로 상대방의 입장으로 생각해 보려는 작은 시도가 상대방을 존중하고 배려하는 태도를 기르게 한다. 아울러, 과거의 후회, 미래의 불안에 빠져 현재를 놓치게 되기가 쉽다. 지난 과거는 이미 가버렸기에 바꿀 수 없고, 아직 오지 않은 미래는 예측하기란 정말로 어렵다. 따라서, 지금 그리고, 이 순간에 집중하여 충실히 행동하는 것이 결국 내일을 새롭게 만들어 가는 유일한 길이다.

깨달음은 언젠가 좋은 기회가 올 것으로 막연히 기다리면, 기회는 그냥 지나갈 확률이 높다. 작은 행동이라도 직접 발을 내

딛고 움직일 때, 주변이 보이고 인연이 생기며 기회가 열린다. 우리는 의외로 많은 혜택과 도움을 받으며 살아가지만, 일상에서 감사함을 잊고 지내기가 쉽다. 스스로에게도, 타인에게도 더 자주 감사를 표현하고, 좋은 일만큼 나쁜 일도 배움의 기회라고 느껴보자. 감사하는 마음은 인생에서 조화와 균형을 잡는 데 큰 힘이 됨을 알 수 있게 될 것이다.

깨달음은 부모나 사회의 기대에 맞춰 살아가는 길이 편해 보일 수도 있지만, 진정한 만족과 행복은 결국 스스로 만든 인생에서 나온다. 내가 진정 원하는 길이 무엇인지 끊임없이 고민하고, 선택에 따르는 책임을 질 줄 아는 태도가 필요하다는 말이다. 인생은 목적지에 도달하기 위해 달리는 경주가 아니라, 긴 여행이라는 생각으로 바라보면 훨씬 삶의 여유가 생긴다. 수많은 여행 속에서 만나는 다양한 사람과 외부 환경 그리고, 예상치 못한 사건이 결국 자신을 단단하게 만들고 의미 있는 대서사가 될 것이다.

인생에서 얻는 깨달음은 결코 한 번에 완성되지 않고, 매 순간 선택하고 행동하면서 쌓여 가는 경험들 속에서 비로소 나만의 '진리관제센터'를 찾아가는 과정이라고 볼 수 있다. 그 과정에서 때로 시행착오가 발생할지언정 참된 살아있음을 느끼게 하고, 생동감이 넘쳐서 흐를 것이다. 오히려 시행착오와 좌절을 통해 배우는 것이 더 많다는 사실을 기억하고, 오늘의 작은 깨달음이 미래의 큰 변화로 이어질 수 있기에, 삶을 살아가며 느끼는 설렘과 불안, 성공과 실패가 모두 하나의 여행임을 받아들이고, 조금씩 전진해 나가는 오늘을 만들어 나가 보자.

내 인생의 상승전환

내 인생의 지속적인 하락을 끝마치고, 이제 상승하는 시기가 다가온다.

28. 진리의 참뜻

 양(+)과 음(-)의 가운데 지점에서 발생하는 생각들이 많을수록 조화와 조율 즉, 균형의 상태가 불완전하게 된다. 이를 극복하고 평정심을 유지하기 위해서 우리는 단순하고, 누구나 공감할 수 있는 진리를 추구하게 된다. 그러면 다양한 관점의 진리를 알아보고, 그 참뜻을 분석해 보자.

 진리(眞理)라는 단어는 직역하면 참된 이치 혹은 참된 도리를 의미한다. 즉, 우리가 말하거나 생각하는 내용, 믿음, 이론, 혹은 현상이 진짜로 그러한 것임을 가리킬 때 사용한다는 말이다. 그러나 진리를 어떻게 정의하고 이해하느냐는 철학, 과학,

종교, 일상생활 등 다양한 영역에서 오랫동안 중요한 물음이 되어 왔다. 진리의 참뜻이란 결국 어떻게 해야 참으로 참임을 확인하고, 그것을 어떻게 이해해야 하는가? 라는 질문에 대한 깊이 있는 답을 추구하는 과정이라 할 수 있다. 진리는 현실 세계의 정확한 대응이라는 입장이 있는데, 어떤 주장이나 명제가 현실 세계인 객관적 사실과 일치한다면 참이며, 그렇지 않다면 거짓이라는 관점이다. 이는 일상적인 사실 확인의 방식과 잘 부합되며, 과학에서 측정이나 관찰을 통해 사실을 확인하는 과정과도 긴밀히 연결될 수 있다. 또한, 현실의 실제 존재 혹은 객관적 세계를 누구나 똑같이 확인할 수는 없으며 관찰이나 측정 오류, 해석의 차이 등으로 처리하는 방법론에 있어 다양한 문제를 제기할 수도 있는 것이다.

진리는 어떤 명제의 진위(眞僞)는 그 명제가 속한 이론, 논리, 믿음 체계와의 정합성에 달려 있다는 견해도 있다. 즉, 앞뒤가 맞고 모순이 없으면 참으로 간주할 수 있다는 말이다. 이는 수학·논리 체계 안에서 참이나 거짓을 구분할 때 유용하며, 이론 간의 일관성을 추구하는 과학이나 기술의 연구에도 적용될 수 있지만, 무엇과 정합해야 하는가? 라는 기준 자체가 자의적일 수 있으며, 가상의 시스템이 정합성을 갖춰도 현실과의 거리가 있을 수 있음을 설명하기 어렵게 한다.

또 하나의 실용 측면의 진리는 실제로 유용하게 작동하는가? 라는 관점에서 정의되는데 어떤 신념이나 이론이 우리가 세계를 더 잘 예측·통제하거나 문제를 해결하는 데 유용하다면, 그것이 참에 가깝다고 보는 것이다. 이는 진리를 확실한 객관적 실체가 아닌, 일상에서 주어진 실용성 혹은 유용성으로 해석할 수 있어 자유로운 관점을 제공하지만, 길게 보면 잠시 유용했으나 더 큰 오류를 가져올 수도 있고, 유용성을 누가 어떻게 판단하느냐에 따라 진리의 기준이 달라질 위험이 있을 수 있다.

아울러 합의의 측면에서 바라보면, 사회나 학문 공동체가 토론·검증·객관화 과정을 통해 진리를 받아들인다는 관점이다. 현재의 과학사회에서는 공동체 검증 과정을 거쳐 지식을 점진적으로 발전시키는 관점과 맞닿아 있다지만, 다수의 합의가 필연적으로 참을 보장하지는 않으며, 소수 의견이 배제될 수 있다는 위험성을 내포한 진리이다.

즉, 일상에서 말하는 사실이 맞느냐 틀리느냐? 와 같은 진리 개념부터, 철학·종교에서 말하는 우주적 진실에 이르기까지 진리는 넓은 범위를 포괄하고, 과학에서의 진리는 관찰·실험으로 증명이 가능한 근거에 주로 기반하지만, 종교·정신 영역의 진리는 초월적·상징적 체험이나 믿음에 기반하는 경우가 많은 것이다. 이에 진리는 실재하는가, 아니면 인간이 구성해 낸 개념에 불과한가? 라는 질문은 끊임없이 제기되어 왔다. 또한, 인간은 감각, 언어, 문화, 시대적 배경 등 다양한 필터를 거쳐 세계를 인식하기 때문에, 그 인식된 세계를 진리로 일반화할 수 있는가에 대한 회의적인 시각도 함께 내포할 수 있다.

고대 그리스 철학자 플라톤부터 현대 과학자들에 이르기까지 많은 그 분야 전문가들은 진리를 영원히 추구해야 할 대상으로 여겨 왔고, 확실해 보이는 이론이라도 새로운 발견이나 관점이 등장함에 따라 수정 혹은 삭제해 왔다. 따라서, 진리를 찾아가는 과정 자체가 인간 학문의 본질적 동력이 된다고 볼 수 있다.

따라서, 진리의 참뜻이란 우리가 믿거나 주장하는 것이 참(眞)임을 어떻게 알아낼 수 있으며, 그 참됨이 유지되는 조건과 한계는 무엇인가? 와 같은 질문을 놓치지 않고 탐구하는 것이라할 수 있으며, 이는 곧 인간이 세계를 이해하고, 설명하고, 더나은 방향으로 나아가기 위해 멈추지 않는 탐구의 여정이라고도 볼 수 있다. 즉, 진리는 단순히 고정된 정답이라기보다, 우리가 끊임없이 검증하고 수정하며 확장해 가는 지식·실천이 현재 진행형의 결과라고 보면 좋겠다.

내 인생의 상승전환

내 인생의 지속적인 하락을 끝마치고, 이제 상승하는 시기가 다가온다.

29. 긍정의 힘

긍정은 긍정을 불러오고, 부정은 부정을 불러온다는 말은 일상에서 수없이 듣는 문장이다. 여기에 더해 부정에 긍정을 이야기하면 순간 혼란에 빠지게 되지만, 결국 부정도 긍정이 되어 가면서 또 다른 긍정을 불러오게 될 수 있다. 긍정은 사물이나 상황을 긍정적으로 바라보고, 그것이 지닌 좋은 면을 인식하며 받아들이는 태도나 사고방식을 말한다. 긍정적인 시각과 태도는 개인의 삶의 질은 물론, 주변 사람들과의 관계에도 큰 영향을 미친다. 가령, 힘든 상황에서 '이 또한 지나가리오.' 같은 낙관적인 관점을 갖거나, 실수나 실패를 겪더라도 이 실수를 통해 내가 무엇을 배울 수 있을까? 라고 생각하는 자세가 긍정적인 태도에 해당한다. 이러한 태도는 스트레스 완화와 심리적 안정, 목표 달성 등에 도움을 주며, 개인의 성장을 폭발시키기도 한다.

긍정을 유지하는 방법으로는 스스로에 대한 칭찬과 격려를 통해 작은 일이라도 잘 해낸 부분이 있다면 자신을 칭찬하며 자신감을 키우는 것이다. 또한, 감사 일기 쓰기는 매일 하루를 돌아보며 감사한 점을 기록하여, 작은 행복을 자각하는 습관을 만든다. 아울러, 명확한 목표 설정으로 어떤 상황에서도 목표 제시가 뚜렷하다면, 어려움에서도 긍정 에너지를 유지하기가 훨씬 수월해진다. 여기에 더해 주변에 있는 긍정적인 사람과의 교류를 통해 본인에게도 좋은 영향을 주고 받을 수 있고, 해야 할 일을 단계별로 나누고, 단계별로 시각화하면서 소소한 성취감을 느끼면서 꾸준히 노력할수록 긍정의 힘이 점점 증가한다.

긍정은 타고나는 측면도 있지만, 의식적인 노력을 통해 충분히 키우는 힘이다. 따라서, 어려운 상황에서도 긍정을 잃지 않고 계속 시도한다면, 더 나은 결과와 성장을 경험할 수 있게 될 것이다.

내 인생의 지속적인 하락을 끝마치고, 이제 상승하는 시기가 다가온다.

30. 이게 정말 최선입니까?

　최선을 다한다는 말은 자신이 맡은 일이나 상황에 대해 할 수 있는 한 최고의 노력을 기울이고 성실하게 임하는 태도를 의미한다. 단순히 결과만을 중요하게 생각하는 것이 아니라, 과정 안에서 자신의 역량을 최대한 발휘하고 책임감 있게 행동하는 것이 핵심이다. 어떤 일을 맡았을 때, 최선을 다한다는 것은 그 일을 떠맡은 순간부터 결과가 나오기까지 주어진 의무와 약속을 지키겠다는 마음가짐이 내포되어 있다. 책임감 있게 일에 임하면 주변 사람들로부터 신뢰를 얻을 수 있고, 그만큼 자신도 더욱 성장하는 기회가 찾아온다. 또한, 모든 일에 최선을 다하는 사람은 실패를 두려워하기보다는, 도전과 배움을 통해 자기 계발을 추진해 나가는 원동력이 될 수 있다. 최선을 다하다 보면 예상치 못한 난관에 부딪힐 수 있지만, 이를 해결하기 위한 노력과 경험이 결국 성장을 보너스로 받는다.

아울러, 최선을 다하는 태도는 자신뿐 아니라 주변 사람들에게도 긍정적인 에너지를 전달한다. 일을 대하는 진정성, 적극성, 열정은 협업하는 사람들에게도 좋은 영향을 미치고, 함께 일하는 조직 문화를 개선하는 데에도 많은 도움이 된다. 이를 통해 자신이 할 수 있는 최대치를 늘 고민하고 실천하다 보면, 어느 순간 이전의 나보다 한 단계 발전한 모습을 발견하게 되고, 스스로에 대한 자존감과 자신감을 높여 또 다른 더 큰 도전을 시도해 볼 수 있는 원동력이 된다.

따라서, 모든 일에 최선을 다한다는 것은 단순한 성과를 넘어 자신의 태도와 방향을 결정짓는 중요한 가치이며 작은 일이라도 진심으로 임하고 배울 점을 찾으려 노력하며, 주어진 일에 책임감 있게 몰입하는 것이 결국 스스로 발전시키고 의미 있는 인생을 만들어 가는 길이라고 할 수 있겠다.

내 인생의 상승전환

내 인생의 지속적인 하락을 끝마치고, 이제 상승하는 시기가 다가온다.

31. 오늘 할 일을 내일로 미루지 말자.

오늘 할 일을 자꾸 미루다 보면 처리해야 할 일이나 문제가 쌓이면서 시간이 지날수록 더 큰 사건 사고로 이어질 수도 있고, 한 번에 너무 큰 일을 하려다 보니 쉽게 지치거나 귀찮아져서 다시 또 미루게 된다. 오늘 일을 처리할 때는 프로젝트를 여러 단계로 쪼개서, 한 단계가 끝날 때마다 체크리스트에 표시하면 좋다. 가령, 보고서 쓰기 대신 주제 선정, 자료 조사, 초안 작성, 수정 하기, 최종 점검 순으로 나누어 수행하는 것이 더욱 좋겠다. 이는 한 번에 끝내야 한다는 부담감이 줄어들어 작은 단계를 완료할 때마다 성취감을 느낄 수 있어 동기가 끊김이 없이 유지될 수 있게 해준다.

또한, 막연히 오늘 안에 해야지… 라고 생각하는 것보다, 3시간 안에 끝내고 휴식을 취한다는 것처럼 구체적인 시간 설정을 하는 것도 좋다. 더해서 목표한 일을 제한된 시간에 마쳤을 때, 나 자신에게 간단한 보상을 하면 더욱 좋다. 가령, 이 문제를 해결하고 나면, 평소 좋아하는 간식을 먹는 등 작은 보상도 동기를 부여하는 데 큰 역할을 한다. 이를 통해, 시간 압박이 생기면서 집중력이 높아지고, 과업이 끝나면 즐길 뭔가가 있다는 기대감으로 의욕이 고취되기도 한다.

아울러, 해야 할 일들을 일의 가치와 영향도를 고려한 '중요성', 완료 시한을 표시한 긴급도 등에 따른 '시급성'으로 나눠서 관리하면 좋다. 이는 중요한데 긴급한 일이 최우선이 되며, 중요하지만 긴급하지 않은 일은 일정 관리와 분할 작업이 가능하다. 당장 처리해야 할 일과 나중에 해도 괜찮은 일을 구분해 놓으면, 오늘 해야 할 일을 확실히 인지하게 된다. 이를 통해, 해야 할 일들의 우선순위가 명확해져서, 실행해야 할 이유를 바로 확인할 수 있게 된다.

이 외에도 스마트폰의 알림을 꺼두거나, 사회관계망서비스(SNS)의 애플리케이션이나 웹서비스를 잠시 제한하여 집중을 방해하는 요소를 줄이거나 공부나 과업을 하는 공간을 최대한

깔끔하게 정리해 두면, 불필요하게 다른 것에 한눈팔지 않는
다. 여기에 충분한 휴식, 규칙적인 수면, 가벼운 운동 등을 통
해 몸과 마음의 에너지를 높여두면, 불필요한 유혹에 덜 휘말
리게 될 수 있다. 이처럼 몰입에 유리한 환경이 갖춰지면, 시
작에 따르는 심리적 허들이 낮아져 자연스럽게 어떠한 일이든
지 바로 실행할 수 있을 것이다.

내 인생의 상승전환

내 인생의 지속적인 하락을 끝마치고, 이제 상승하는 시기가 다가온다.

32. 감정의 끝으로 치닫는 순간 제자리로 돌아올 줄 아는 조화의 중요성

인간의 감정은 참으로 다채롭고, 때로는 그 폭이 끝이 보이지 않을 정도로 깊고 넓게 펼쳐진다. 기쁨이 극에 달하면 모든 세상을 포용할 수 있을 것 같고, 분노가 치밀어 오르면 세상이 무너져도 이상하지 않을 것 같은 심정이 들기도 한다. 이러한 감정의 극점에 이르게 되면, 우리는 종종 자신을 잃어버리고 감정의 소용돌이에 잠식당하기 쉽다. 따라서, 제자리로 돌아온다는 것은 스스로 중심을 다시 회복하고, 감정의 폭주 속에서도 균형과 안정이라는 삶의 뿌리를 재확인한다는 의미를 내포하고 있어 그 중심에는 반드시 조화라는 가치가 필요하다는 말이다.

 감정이 극단에 이르면 가장 먼저 흔들리는 것은 자기 통제력이다. 극단적 감정에 빠지는 순간 우리는 순간적인 충동에 휩쓸리거나, 몰아치는 감정의 강도에 눌려 이성이 작동하지 않는 상태에 놓이게 된다. 작은 일에도 과도하게 반응하거나, 때로는 크게 다치고 나서야 한순간의 선택을 후회하게 된다. 또한, 감정이 과도해지면 인식 자체가 왜곡되기도 한다. 분노에 사로잡혔을 때 상대의 작은 말이나 행동조차 본의 아니게 해석하게 되고, 반대로 지나치게 행복감에 취하면 사소한 위험 요소도 간과하고 현실 감각을 잃어버리기도 한다. 아울러, 심리 상태가 격앙되면 주변 사람들과의 관계도 쉽게 깨질 수 있다. 감정적으로 과잉된 상태에서는 타인의 말을 제대로 듣기보다는 일방적으로 주장하거나, 상대도 나와 같은 강도로 감정을 느껴주길 바라는 등 비합리적인 기대만 갖는다. 이는 결국 오해와 갈등을 낳고, 서로 간의 관계를 소원하게 만든다.

 이를 해결하는 방법인 조화와 조율은 한쪽으로 치우치지 않고 전체적인 균형을 추구하고 조정하는 태도를 말한다. 감정이 극도로 치우친 순간에도 조화와 조율을 지향하려는 노력이 있다면, 내 감정의 강도를 객관적으로 바라보는 힘과 공간이 생긴다. 지금 분노가 치솟고 있지만, 모든 일이 다 잘못된 것은 아닐 수 있고, 지금 느끼는 기쁨이 영원하지는 않을 수 있기에 스스로 한 발 떨어져서 바라보도록 하면 좋겠다. 또한, 조화와 조율은 단순히 자신의 감정만 다루는 것이 아니라, 주변 환경과 사람들과의 관계까지 유기적으로 살펴보게 한다. 감정은 결코 개인의 문제로만 국한되지 않으며, 항상 타인과 상호작용 속에서 움직이기 때문이다. 내 기분이 나쁘니 모두가 잘못됐다는 왜곡된 판단 대신, 나와 상대방의 입장도 함께 고려해 보자는 넓은 관점을 가질 수 있게 한다는 말이다. 비슷한 개념으로 중용이라는 말이 있다. 치우침 없는 상태의 이 덕목을 통해 삶에서의 극단을 경계하고 조화를 강조하는 말이다. 이것은 단순히 겸손 또는 너무 나서지 말라는 수동적인 의미가 아니라, 매 순간 가장 적절한 위치에서 올바른 선택과 마음의 평정을 찾으라는 적극적인 지혜일 수 있다. 감정의 소용돌이 한가운데서 중용의 자세로 균형을 지키려 할 때, 우리는 안정감과 주체적인 태도를 유지할 수 있게 된다.

 감정이 격앙될 때 의도적으로 멈추어 조화를 위한 공간을 확보하는 일은 놀라울 만큼 효과가 크다. 특히 깊은 호흡은 뇌가 산소 공급을 충분히 받도록 하여, 과도한 각성 상태에서 이성의 기능을 되살리는 데 도움을 준다. 즉각적이고 과도한 반응을 하기 전, 몇 번의 심호흡으로 내가 지금 무엇을 느끼고 있는가?, 왜 이렇게 화가 났나? 를 확인해 보는 짧은 멈춤이 필요하다. 또한, 생각을 위한 생각을 통해, 스스로가 느끼는 감정과 반응을 주시하고 그 과정을 냉철하게 유지하여 마치 '진리관제센터 관리자'의 입장에서 세상을 바라보는 연습이 필요하다는 말이다. 화가 나거나 서운함이 극에 달할 때도, 내가 지금 왜 이렇게 불편하지? 상대가 아니라 내 과거 경험 때문은 아닐까? 등과 같이 자신을 객관화하는 질문을 던져보면 좋을 수 있다. 아울러, 감정이 격해지는 순간에 상대방의 관점을 상상해 보거나 그의 감정을 가늠해 보는 노력은 감정의 흐름을 완화하는 데 큰 도움이 된다. 인간관계 속에서 생기는 충돌은 종종 서로의 상황을 모르거나, 알면서도 이해하지 않으려 하는 태도에서 비롯된다. 타인의 입장을 헤아리려 노력하는 과정 자체가 조화로운 마음 상태의 출발점이 되는 것이다.

감정을 무조건 억누르는 것이 아니라 안전한 방식으로 표출할 수 있는 장을 마련하는 것이 중요하며, 글을 쓰거나 예술 활동을 하거나 스포츠나 운동을 통해 에너지를 발산하는 등 각자의 방식으로 에너지를 해소하는 시간과 공간이 있으면 이를 적극 활용하는 것이 많은 도움이 된다. 억압된 감정은 언젠가 더 큰 소용돌이로 돌아올 수 있기에, 건설적이고 생산적인 해소 방안을 활용하면 좋겠다. 감정은 우리 삶에서 지울 수 없는 부분이며, 때로는 인간다운 모습을 가장 분명히 드러내 주는 존재이지만 그 강도가 극단에 이를 때면 스스로 돌이킬 만한 '안전장치'를 확보하고, 그 장치의 핵심 작동법인 바로 조화와 조율의 자세를 취하는 것이다.

 조화와 조율을 통해 내 감정과 타인의 감정이 함께 어우러지도록 배려하고, 스스로 내면을 관찰하며 중용의 미덕을 지향하면서 과도하게 치우친 상태에서는 의도적으로 멈추고 돌아보고 호흡하면 좋겠다. 이러한 실천을 통해 우리는 비로소 감정의 격류 속에서도 자신을 잃지 않고, 제자리로 돌아와 원점에서 다시 시작할 수 있으며 조화와 조율은 단지 균형만을 의미하는 것이 아니라, 삶 속에서 내가 갖고 있는 본연의 가치를 지키면서 타인과의 관계를 부드럽게 유지하는 힘을 갖게 한다. 따라서, 감정이 극단으로 치닫는 순간마다 조화와 조율을 통해 내면의 평온을 되찾는다면, 그 과정에서 우리는 한층 더 성숙해진 나와 상대방과의 상생과 동반성장의 관계를 발견하게 될 것이다.

내 인생의 상승전환

내 인생의 지속적인 하락을 끝마치고, 이제 상승하는 시기가 다가온다.

33. 이해가 먼저인가? 활용이 우선인가?

새로운 지식이나 기술을 배울 때, 먼저 전반적인 이해에 집중해야 하는가, 아니면 바로 활용해 보면서 실무 경험을 쌓아야 하는가? 라고 고민할 수 있다. 사실 이해와 활용 중 무엇이 먼저인지에 대한 명확한 정답은 없다. 배경지식, 학습 목적, 개인의 학습 스타일, 그리고 배워야 하는 대상의 성격에 따라 접근 방식이 달라질 수 있기 때문이다. 가령, 의학, 항공, 건축, 전기·전자공학, 화학 등 직접 사람의 생명이나 안전에 영향을 미치는 분야라면 충분한 이론적 배경 및 원리 이해가 필수적이다. 잘못된 활용은 치명적인 결과를 가져올 수 있으므로, 먼저 왜 이렇게 동작하는지? 에 대한 기반 지식을 쌓고, 안전 기준을 충분히 학습한 뒤 실습을 진행하는 것이 중요하다. 또한, 이론 기반의 응용이 필요한 경우인 수학·물리학 등 기초 이론이 반복적으로 문제 해결 방식에 응용되는 분야에서는 근본적인 원리와 체계를 깊이 이해하는 것이 장기적으로 유리하다. 이론 없이 무작정 활용만 하면 더 복잡한 문제나 새로운 문제 상황에 찾아올 때 그 한계를 크게 느끼게 될 수 있기 때문이다.

이에 비해, 바라보는 다른 측면인 활용을 통해 배우는 것이 효과적인 경우가 있다. 가령, 예술, 디자인, 프로그래밍, 미디어 제작, 마케팅 실무 등은 현장에서 경험하며 깨닫는 것이 빠르고 효율적인 경우가 많다. 이론 지식도 중요하지만, 결과물을 만들고 현장에서 피드백을 받으며 문제를 해결하는 과정에서 자연스럽게 기반 지식을 학습하게 되기 때문이다. 프로그래밍을 배울 때 단순히 문법과 이론을 암기하는 것보다는 작은 프로젝트를 통해 스스로 겪어 보고 실수, 잘못 그리고, 시행착오를 거치면서 언어의 특성과 오류 해결 과정을 몸에 익히는 편이 훨씬 효과적인 것을 우리는 익히 잘 안다. 스포츠·요리·음악 연주 등은 이론보다는 몸으로 익히는 것이 더 우선인 경우도 많다. 물론 기본적인 원리 이해도 중요하지만, 신체 감각이나 도구 사용법을 몸에 익히는 활용 과정을 피할 수는 없다. 이를 통해 체득되는 삶의 노하우가 오히려 이론을 더 잘 이해할 수 있게 만들어 주기도 한다.

 완벽히 이해하기 위해 시간을 너무 오래 쓰기보다는, 전체 상황을 빠르게 살펴본 뒤 간단한 예제나 프로젝트를 직접 시도해 보는 방법이 조화와 균형을 이루는데 좋은 방법일 수 있다. 실습 과정에서 불분명했던 부분을 다시 이론적으로 확인하고 보완할 수 있는 방식이기 때문이다. 실제 현장 활용 중에 마주치는 문제들을 해결하기 위해선 필요한 자료를 찾아 스터디하며 이해를 확장해 가면 된다. 실무·프로젝트 중심 학습 방식에서는 이런 필요할 때마다 습득하는 과정이 학습 동기 부여에도 도움이 될 수 있다. 현장실습을 통해 얻은 경험과 결과물을 이론적 개념과 연결해 가면서, 학습 내용을 체계화하거나 심화해 갈 수도 있다. 이 과정을 거치면서 활용하고 이해한 후, 다시 활용하는 선순환 구조를 만들 수 있다는 말이다.

 어떤 목적과 상황에서 무엇을 배우려 하는가에 따라 접근 방법은 제각기 달라진다. 이론 중심 접근은 복잡하고 위험 부담이 큰 분야나 근본 원리를 장기적으로 응용해야 하는 분야에서 유효하고, 활용 중심 접근은 실무 경험이나 반복 훈련이 더 중요한 분야 혹은 즉시 성과가 필요한 상황에 적합하다. 결국 이해와 활용은 어느 한쪽만 고집하기보다 상황에 맞게 유기적으로 결합해 학습 효과를 극대화하는 것이 가장 바람직해 보인다. 이처럼 정답이 있는 것은 아니지만, 자신의 학습 목표, 주변 환경, 현재 수준 등을 고려하여 적절히 이해와 활용을 균형 잡아 현장에 적용할 때, 삶의 만족도와 효율이 높아지는 것을 느낄 수 있을 것이다.

■ 내 인생의 상승전환

내 인생의 지속적인 하락을 끝마치고, 이제 상승하는 시기가 다가온다.

34. 끊임없는 연구가 중요한 이유

끊임없는 연구가 중요한 이유는 개인, 조직, 그리고 사회 전반에 걸쳐 새로운 지식과 발전의 동력을 제공하기 때문이다. 현존하는 이론이나 기술은 시간이 지남에 따라 그 한계나 취약점을 드러내게 된다. 꾸준한 연구를 통해 이를 보완하거나 개선할 수 있으며 이미 잘 알려진 분야라 하더라도, 새로운 방법이나 관점에서 접근하면 획기적인 발견을 이룰 수 있다. 또한, 기술, 사회, 문화가 급변하는 현대에서 연구를 계속함으로써, 변화하는 시대의 요구와 흐름을 적절히 반영할 수 있다.

지속적인 연구 활동은 개인을 넘어 회사나 정부, 사회단체 등이 직면한 문제를 진단하고 해결책을 제시하기 위해서는 끊임없는 조사와 분석이 필수적이며 연구를 통해 탄생한 새로운 기술은 산업 전반에 파급효과를 가져와 경제 발전과 사회 혁신의 기반이 된다. 가령, 인공지능(AI), 바이오 기술, 친환경 에너지 분야는 지속적인 연구를 통해 세계 각국의 경쟁력을 좌우할 핵심 분야로 자리 잡고 있으며, 국가나 기업뿐 아니라 개인이 자신의 분야에서 꾸준히 연구하고 학습할수록 전문 지식이 축적되어, 더 높은 수준의 문제 해결 능력과 경쟁력을 갖추게 한다. 연구 역량이 뛰어난 개인은 더 높은 수준의 창의적 아이디어와 기술을 개발하여, 시장에서 독자적 위치를 확보할 수도 있다. 이를 통해 개인을 넘어 상호 간의 동반성장이 가능하며, 추가로 사회적 신뢰도 향상에도 일조할 수 있다.

아울러, 공공분야의 지속적인 연구는 공공정책 개선에 중요한 근거가 되며, 연구 결과를 바탕으로 합리적인 의사결정이 이루어져 더 나은 사회 제도를 구축할 수 있으며, 새로운 시각으로 기존 정책과 행정을 재해석하고, 현장이 요구하는 새로운 패러다임을 제시할 수 있게 된다. 가령, 기후변화, 전염병, 식량 위기 등 전 지구적인 문제들은 제대로 된 진단과 예측, 그리고 사전 대비가 필수인데, 이는 꾸준한 연구로부터 얻은 데이더와 통찰을 통해 가능할 수 있기 때문이다. 또한, 자원 고갈이나 기후변화는 인류 생존의 근본적인 문제이기에, 장기적 관점에서 지속 가능성에 초점을 맞춘 연구가 관심을 집중시키고 있다.

이처럼 각 분야의 끊임없는 연구는 새로운 길을 열어주는 힘이다. 지식과 기술의 발전 속도가 더욱 빨라지는 현대 사회에서, 연구를 멈춘다는 것은 경쟁력과 미래 가치를 잃는 것과 다름없다. 지속적인 연구와 탐구를 통해서만이 우리는 현재의 문제를 해결하고, 다음 세대가 직면하게 될 도전에도 유연하게 대응할 수 있을 뿐 아니라, 지적 기반을 탄탄히 쌓아 나갈 수 있게 해줄 것이다.

■ 내 인생의 상승전환

내 인생의 지속적인 하락을 끝마치고, 이제 상승하는 시기가 다가온다.

35. 성공 에너지를 증폭시키는 방법 - 스터디(Study)

긍정의 성공 에너지를 증폭시키는 방법에는 여러 가지가 있지만 여기에서는 스터디를 통해 성공 에너지를 향상시키는 방법을 살펴본다. 우선 스터디 시작 전, 구체적인 목표를 설정한다. 가령, 매주 한 장씩 현 상황에 대한 문제 풀이를 마무리하는 것처럼 구체적이고 측정이 가능한 목표 설정이 중요하다. 또한, 동기와 열정이 비슷한 사람들과 조력 집단 그룹을 구성하여 서로가 성장을 독려할 수 있는 환경을 만든 후 정해진 시간과 장소에서 규칙적으로 만나는 것이 중요하다. 이때, 스터디 모임 규칙을 정하고 이를 모두 준수하도록 한다. 예를 들어, 지각 시 벌금, 과제 미완료 시 보충 과업과 같은 규칙을 만들 수 있다. 아울러, 스터디 구성원 간 협력적인 과업과 적절한 경쟁을 조화롭게 활용하여 서로 가르치고 배우며 이해도를 높여 나가는 것이 좋다.

또한, 진행 상황을 기록하고 가시적으로 확인할 수 있는 도구를 사용할 수도 있다. 가령, 일정 관리, 그래프를 통해 달성률을 정기적으로 확인해 준다. 이를 통해 스터디 참여자 모두에게 동기를 부여하는 힘을 지속시킬 수 있게 한다. 또한, 그룹원들과 성취를 축하하고 서로를 격려하고, 목표 달성 시 소소한 보상을 주는 것도 효과적이다. 예를 들어, 목표 달성 후 맛있는 커피 한잔이나 함께 식사하기와 같은 활동으로 조직 분위기를 향상한다. 여기에서 각자의 과업 내용을 발표하거나 토론하며 피드백을 주고받으면 좋다. 이때 주의할 점은 비판보다는 개선점을 제안하는 긍정적인 피드백이 필요하다. 추가로 긍정적인 에너지 유지를 통해 스터디 시간을 활력 넘치고 재미있게 만들면서 지나치게 부담스러운 분위기를 피하고, 서로 긍정적인 에너지를 주고받을 수 있도록 격려하면 좋겠다.

이러한 방법들을 활용하면 스터디 그룹을 통해 개인과 조직 전체가 더 높은 목표를 달성할 수 있으며, 성공 에너지가 증폭될 수 있다. 스터디의 효과를 꾸준히 유지하려면 그룹원들의 성취감을 관리하는 것도 중요하니 꼭, 잊지 마시길!

내 인생의 상승전환

내 인생의 지속적인 하락을 끝마치고, 이제 상승하는 시기가 다가온다.

36. 상황이 어렵다고 낙심하지 말자. 어려움에서 꽃이 피는 이유를 알면 마음이 한결 좋아진다.

  어려움에서 꽃이 피는 이유는 성장과 변화의 본질이 있기 때문이다. 어려움에서 꽃이 피는 것은 자연의 이치와 인간의 성장 과정을 모두 내재한 진리이다. 우선 압박과 도전은 성장을 자극한다. 가령, 씨앗은 단단한 흙 속에서 싹을 틔우기 위해 강한 압력을 견디어 낸다. 흙을 뚫고 나오는 과정에서 뿌리가 깊어지고, 줄기는 단단해진다. 이는 식물이 외부 환경에 잘 적응할 수 있도록 돕는다. 이는 인간의 삶에서 어려움과 고난은 우리가 자신의 한계를 마주하고 새로운 기술, 사고방식, 인내심을 개발하도록 밀어붙이게 한다. 가령, 시험 실패를 통해 공부 방법을 개선하거나, 직장 내 어려운 프로젝트를 통해 협업 능력을 배울 수 있는 것과 같은 원리다. 또한, 고난은 가치와 감사함을 일깨워 준다. 어려움이 중요한 이유는 고난을 통해 삶에서 평범했던 순간의 소중함을 깨닫게 되기 때문이다. 꽃은 겨울의 추위와 어두움을 견딘 후에야 봄의 따뜻함에서 피어나듯, 인간도 어려움을 극복하면서 인생의 기쁨을 더 깊이 느낄 수 있는 것과 그 맥을 같이 한다.

해가 뜨기 전 새벽이 가장 어둡다는 말처럼, 가장 힘든 순간이 우리를 새로운 시작으로 이끌 수 있게 도와준다. 고통을 통해 강인함이 탄생하듯, 마치 다이아몬드가 지구 내부에서 엄청난 열과 압력을 견디며 만들어지는 것과 같다. 만약 이 과정이 없었다면 다이아몬드가 아닌 단순한 탄소 덩어리에 불과했을 것이다. 인간의 내면적 변화를 통해 고통은 우리를 더 강하게 만들뿐 아니라 더 공감력 있고, 더 깊은 사람으로 변화시킨다. 이는 단순히 문제를 해결하는 능력이 아니라, 문제를 통해 더 나은 사람이 되는 길인 것이다. 즉, 요즘은 단순히 쉽고 빠른 결정을 내리는 '초스피드 사회'지만, 어려움에서 꽃이 피는 이유는 어려움을 통해 성장을 위한 필수 과정을 경험할 수 있기 때문이다. 그것은 우리의 능력을 더욱 확장하고, 더 나아가 진정한 자신을 발견할 수 있도록 돕는 귀중한 기회를 제공해 줄 수 있다. 아울러, 자연 속의 꽃이 흙 속에서 뚫고 나오듯, 인간도 고난 속에서 삶의 아름다움을 발견하며 성장하는 것이다.

제 3장

연결

(Link & Connection)

내 인생의 상승전환

내 인생의 지속적인 하락을 끝마치고, 이제 상승하는 시기가 다가온다.

37. 자극과 반응 사이에서 누릴 수 있는 선택의 기회

　자극과 반응 사이에는 공간이 있고, 그 공간에서 우리는 반응을 선택할 힘을 가진다는 문장은 우리가 알고 있는 빅터 프랭클(Viktor E. Frankl) 죽음의 수용소에서(Man's Search for Meaning) 또는 스티븐 코비(Stephen R. Covey)의 성공하는 사람들의 7가지 습관 등에서 인용되는 말로 잘 알려져 있다. 이 말이 전하고자 하는 핵심 메시지는 우리가 어떤 자극을 받았을 때 무의식적으로 반응하기 전에 잠시 멈춤의 공간을 두고 스스로 어떻게 반응할지 선택할 수 있음을 의미한다. 이러한 반응을 선택하는 힘이야말로 우리가 스스로 성장하고 자유를 누릴 수 있게 해 주는 중요한 성공의 열쇠가 됨을 의미한다.

즉, 상황에 따라 즉각적이고 감정 폭발적인 자동적인 반응이나 무의미한 습관적 행동을 하기보다는, 자극과 반응 사이에 사유와 사고의 여백을 마련해 두는 습관이 정말 중요하다는 가르침을 귀한 선물 형태로 우리에게 주고 있다. 이는 단순히 선택의 기회만 가질 것이 아니라 양심과 진리에 기반을 둔 행동이 필요하다는 말이다. 이 과정을 통해 우리는 더 나은 결정, 더 성숙한 행동을 할 수 있게 되고, 개개인의 삶에 대한 주도권과 책임감을 가질 수 있게 되는 것이다.

내 인생의 상승전환

내 인생의 지속적인 하락을 끝마치고, 이제 상승하는 시기가 다가온다.

38. 독창성은 묘한 매력적인 향기를 내뿜는다.

독창성은 묘한 매력적인 향기를 내뿜는다는 단순히 새로운 아이디어를 내는 것을 넘어, 기존의 관습이나 틀에서 벗어난 차별화를 의미한다. 이는 하고자 하는 말과 감정표현이 내가 생각하는 그 자체가 되어, 타인의 관념으로부터 자유롭게 뻗어나가는 힘을 말한다. 묘한 매력적인 향기는 독창성이 구체적으로 보이지 않으면서도 사람들을 끌어당기는 힘을 지니고 있어 매력이 철철 넘치는 것을 의미한다. 사람들은 새로운 무엇인가를 접했을 때 호기심과 신선함을 느끼고, 종종 그 매력에 매료된다. 이는 마치 향기가 강하지 않아도 은은하게 퍼지면서 사람들의 마음을 사로잡는 것과도 같은 원리이다.

독창적인 생각이나 표현은 처음에는 낯설거나 모험적으로 보일 수 있지만, 그것이 실제로 발현되었을 때 사람들에게 긍정적 자극과 영감을 주곤 한다. 그래서 독창성의 영향력이 세상에 퍼져나갈수록, 그 향기를 맡은 다른 이들이 또다시 새로운 아이디어를 도출해 내기도 한다. 또한, 독창성은 전혀 다른 분야의 지식을 접하고, 새로운 경험을 해보면 독창성의 밑바탕이 넓어지기도 하고 남들이 다르게 보는 시각이나 가치관을 찾아내고, 이를 꾸준히 표현할 때 더욱 강해질 수 있다.

아울러, 새로운 시도에는 늘 시행착오가 뒤따르는데 오히려 그 과정을 통해 나만의 향기가 더욱 짙어지기도 하므로, 우리 스스로가 가진 잠재력과 특별함이 은은하고 끈끈한 호소력으로 다른 이들을 감동과 공감시킬 수 있음을 기억하자. 당신만의 독창성을 마음껏 펼치고, 그 과정을 온전히 즐겨볼 때 분명 누군가에게 매력적인 향기로 다가갈 것이다.

■ 내 인생의 상승전환

내 인생의 지속적인 하락을 끝마치고, 이제 상승하는 시기가 다가온다.

39. 성공의 원동력은 기세다.

성공의 원동력은 기세다는 성공을 이루기 위해서는 단순히 능력이나 운뿐 아니라 분위기와 몰아치는 힘이 중요하다는 뜻을 내포한다. 다시 말해, 기세를 타면 사람의 심리와 행동이 긍정적인 방향으로 계속 이어지고, 그 결과 더 큰 성취로 나아갈 수 있다는 말이다. 또한, 무언가를 잘 해냈을 때 느껴지는 성취감이 동력이 되어 다음 도전에 대한 자신감을 높여 준다. 이러한 자신감이 또다시 집중력과 에너지를 불러일으켜 선순환으로 이어진다. 아울러, 일을 진행하다 보면 성과가 조금씩 쌓이면서 나는 분명히 해낼 수 있다는 느낌이 들게 되는데, 이때 속도감과 추진력이 높아지고, 자연스럽게 다음 단계로 나아가기 수월해진다.

 주변에서 기세를 만들어 줄 수 있는 환경, 분위기, 응원, 혹은 지지가 뒷받침될 때 목표 달성을 향한 시너지 효과가 배로 커진다. 이는 스스로 적극적인 태도를 유지하게 되고, 더 높은 목표 설정과 달성이 가능해지기 때문이다. 성공의 연속성을 위해서는 작은 성취와 자신감을 살려 긍정의 에너지를 누적하는 것이 매우 중요하며 한 번 불이 붙으면 쉽게 꺼지지 않는 것처럼, 꾸준히 기세를 쌓고 유지하는 것이 곧 성공의 열쇠가 된다는 말이다.

■ 내 인생의 상승전환

내 인생의 지속적인 하락을 끝마치고, 이제 상승하는 시기가 다가온다.

40. 가치 증명은 우리 모두를 하나로 만든다.

가치 증명(Value proof)은 단순히 가치를 증명한다는 행위 자체가 아니라 그 행위를 통해 사람들이 어떤 공감대를 형성하고, 서로를 신뢰할 수 있게 된다는 점에 있다. 이는 곧 왜 그 일을 하는지, 어떤 목적을 향해 노력하는지와 같은 질문에 대한 공감대가 형성되었을 때, 다양한 사람들과 함께 더 강력한 공동체를 이룰 수 있음을 포함하고 있다. 가령, 우리가 만들어내는 가치를 증명하기 위해서는, 그 가치가 무엇인지를 먼저 정의하고 모두가 이를 공유해야 한다. 이런 공유 과정을 통해 구성원들은 같은 방향을 바라보게 되고, 자연스럽게 하나로 이어짐을 느끼게 된다. 이에 개인, 기업이나 국가 단위의 비전과 가치 증명이 중요하다.

　명확한 가치가 제시되고, 그것을 달성하기 위한 과정을 투명하게 보여줄 수 있다면, 서로 간의 신뢰가 생겨난다. 이때 증명이라는 행위는 추상적인 약속에 그치지 않고, 구체적인 성과를 통해 서로를 확인하는 과정에 해당한다. 추가로 개인의 이익보다 공동의 이익을 우선시하게 되면, 참여자들은 각자의 전문성이나 자원을 기꺼이 공유한다. 결과적으로 공동의 목표 달성을 위한 연대 의식이 높아져 우리 모두 하나의 공동체라는 느낌을 강하게 받게 되는 것이다.

　이처럼 가치 증명을 통해 형성된 공동체는 일시적인 유행이나 열정에 그치는 것이 아니라, 같은 가치를 실천하고자 하는 이들이 서로를 지탱하며 꾸준히 성장할 가능성이 크다. 이는 궁극적으로 사회 전반의 발전에도 긍정적 영향을 미치게 되는 것이다. 따라서, 가치증명은 우리 모두를 하나로 만든다는 가치라는 뿌리에 대한 공감과 이를 증명하기 위한 공동의 노력을 통해 서로 연대하고 협력함으로써 큰 공동체를 이룰 수 있다는 뜻으로 이러한 가치 기반의 연대는, 소속감을 넘어서 우리가 함께하는 이유는 무엇인가? 에 대한 깊은 의미를 부여하여, 협업과 혁신을 지속 가능하게 만드는 힘이 되는 것이다.

내 인생의 상승전환

내 인생의 지속적인 하락을 끝마치고, 이제 상승하는 시기가 다가온다.

41. 외부조건은 자기 자신의 내면화를 통해 변화된다.

외부조건은 자기 자신의 내면화를 통해 변화된다는 말은 우리가 처해 있는 외부의 현실이라고 불리는 환경이나 상황이 단순히 객관적·고정적으로만 존재하는 것이 아니라, 개인이 이를 어떻게 내면화(內面化) 하느냐에 따라 그 성격과 의미, 심지어 실제 결과까지 달라질 수 있음을 뜻한다. 우선 내면화란 외부에서 주어지는 정보나 가치, 상황 등을 개인의 마음과 정신세계 안으로 받아들이고 재해석하여 자신의 태도와 행동에 영향을 미치는 과정을 말한다. 가령, 어린아이가 부모의 가르침을 반복적으로 듣고 그것을 본인의 행동 기준이나 삶의 가치로 삼는 것, 혹은 성인이 사회적 규범을 자신의 윤리 기준으로 받아들이는 과정이 대표적인 내면화 과정이다.

사람은 같은 사건이나 환경을 놓고도 각자 다르게 해석한다. 가령, 이 일은 너무 어렵다고 생각하면 한없이 힘든 과제로 여겨지지만, 이 일은 곧 나를 성장시킬 기회가 분명하다고 내면화하면 새로운 동기 부여가 생겨난다. 결국 외부 상황이나 조건은 개인이 어떻게 인식하느냐에 따라 그 의미와 미치는 영향이 달라진다는 말이다. 또한, 내면화는 개인의 행동과 태도의 변화를 일으킨다. 만약 어떤 불리한 외부 상황이나 조건이 있다고 할 때, 이를 도전할 가치가 있다고 받아들이면 도전적인 행동과 적극적인 태도로 이어질 가능성이 높다. 반면 부정의 의미인 어차피 안 될 것으로 내면화하면, 소극적 태도로 인해 실제로 부정적인 결과가 나타나기가 더 쉬워진다.

그 변화되는 과정은 외부 상황을 통한 자신의 내면화로 이어지고 구체적인 행동을 통해 다시 새로운 외부 상황을 만들어내는 선순환 과정을 통해, 처음에는 외부 상황에 대한 주관적 해석이었더라도 실제 환경을 변화시키는 결과를 맞이하게 되는 것이다. 이렇듯 개인의 내면화된 믿음이나 태도는 궁극적으로 외부 조건을 바꿀 수 있는 영향력을 갖추게 한다. 내면화가 외부 환경을 변화시키는 사례로 플라세보 효과(Placebo effect)는 의학적으로 아무런 효과가 없는 가짜 약을 진짜 약이라고 믿고 복용했을 때, 실제로 병세가 호전되는 현상으로 유명하다. 즉, 외부에서 주어진 조건인 약은 똑같지만, 내면화된 믿음이 치유 과정을 적극 가동해 외부 조건인 몸 상태의 변화를 이끈 실제 사례이다. 또한, 피그말리온 효과(Pygmalion effect)는 타인이 자신을 긍정적으로 기대하고 있다고 믿으면, 실제로 그 기대에 부응하는 방향으로 행동이 변화하는 현상이다. 예컨대, 교사가 학생에게 높은 기대를 보일 때 학생이 실제로 성적이 향상되는 결과가 이러한 상황에 해당한다. 아울러, 자기실현적 예언은 어떤 예측이나 신념이 그 자체로 사람들의 행동을 유도해 실제 결과를 예측 방향으로 만들어 내는 현상으로 나는 분명 성공할 거야! 라는 긍정적 예측을 개인이 내면화하면, 다양한 시도와 적극적인 태도를 통해 정말로 성공에 이르게 되는 원리와 같다.

내면화 과정을 긍정적·능동적으로 활용한다면, 현재의 불리한 상황도 성장과 학습의 기회로 삼을 수 있고, 무의식적으로 외부 환경에 휘둘리는 것이 아니라, 자신만의 의미를 부여하고 올바른 태도를 갖추어 현재 상황을 재구성해 나갈 수 있게 된다. 여기에 더해 개인의 행동과 태도가 바뀌면 소집단이나 조직, 나아가 사회 전체를 변화시킬 수도 있고, 구성원들이 이 조직은 가능성이 있고, 서로 협력하면 더 나은 결과를 낼 수 있다는 믿음을 내면화되어, 실제로 협력 분위기가 형성되고 조직 문화도 개선될 수 있다는 말이다. 이처럼 외부 조건을 무작정 주어진 것으로만 보기보다는, 내가 그것을 어떻게 바라보고 재해석할 수 있을지를 고민함으로써 나와 연관된 세계를 한 차원 높은 곳에서 살펴볼 수 있고, 스스로 환경을 바꿀 수 있는 주체적인 삶을 살게 만들어 준다.

따라서, 외부 조건은 내면화를 통해 변화된다는 말은, 우리가 살아가는 현실이 단지 주어진 객관적 환경에 의해 전적으로 결정되는 것이 아니라, 각자의 내면화된 생각과 태도, 그리고 이어지는 행동에 따라 달라질 수 있다는 말이다. 즉, 외부와 내부는 서로 고정된 경계로 나뉘어 있지 않고 끊임없이 영향을 주고받는 순환 구조에 있다는 말이다. 이러한 관점은 개인이 세상을 바라보는 태도나 문제를 해결하는 방식, 더 나아가 조직과 사회가 변화하는 동력을 이해하는 데 큰 시사점을 줄 수 있을 것이다.

내 인생의 지속적인 하락을 끝마치고, 이제 상승하는 시기가 다가온다.

42. 세상의 마지막 울타리인 내 편

　세상의 마지막 울타리인 내 편이라는 말 속에서 우리는 삶의 어떤 구간에서든 나를 지켜주고 나의 편이 되어 주는 안전하고 믿음직한 존재를 떠올리게 해 준다. 마치 불확실하고 불안정한 공간 속에서 단단하게 버티고 있는 울타리를 연상시켜 보자. 그 울타리는 흔들리는 삶의 경계를 잡아주고, 폭풍우 같은 세상에서 강한 의지가 되며, 동시에 스스로 바깥세상으로 나아갈 수 있는 용기와 희망을 북돋아 준다.

　또한, 세상의 마지막 울타리인 내 편이라는 표현은 아무리 세상이 힘들고 혼란스러워도 마지막까지 나와 함께 할 든든한 나의 편이 있음을 의미하며 외부의 위험이나 시련으로부터 나를 보호해 주는 동시에, 내가 성장할 수 있도록 배려해 주는 존재의 소중함을 강조하는 말이다. 이처럼 울타리가 주는 의미는 단순히 바깥과 안을 가르는 경계선이 아니라, 내가 안심하고 성장할 수 있게끔 만드는 보호와 응원의 상징이라고 할 수 있다. 그리고 그 울타리가 내 편이라고 했을 때, 그 울타리 안에 서 있는 나는 더 이상 불안해하지 않고 세상으로 향할 에너지를 아무 조건 없이 얻게 해 준다.

즉, 세상의 마지막 울타리인 내 편은 누군가 혹은 무언가가 주는 절대적인 신뢰와 보호를 담은 표현으로도 느껴지게 되는 것이다. 세상의 끝에서라도 나를 지지해 주고 보듬어 줄 존재가 있다는 사실만으로도, 세상 속으로 다시 한 발 내디딜 용기와 결단력이 생기는 법이다. MPCE^{Mind and Physical Control Ecosystem}는 여러분의 진정한 울타리가 되고자 한다.

내 인생의 상승전환

내 인생의 지속적인 하락을 끝마치고, 이제 상승하는 시기가 다가온다.

43. 우리의 자녀도 독립적인 인격체이다.

자녀는 부모의 소유물이 아닌, 독립적으로 생각하고 느낄 수 있는 하나의 인격체이다. 부모와 자녀가 서로 존중하고 소통하는 관계를 유지하기 위해서는, 자녀가 자신의 의견과 감정을 표현할 수 있도록 배려하고 자녀가 책임을 질 수 있는 범위 내에서 선택의 권한을 부여하는 일이 중요하다. 자녀에게 왜 그렇게 생각하니?, 그렇게 느낀 이유가 뭘까? 와 같은 질문을 통해 자녀의 생각을 듣고, 판단이나 비난 없이 이야기를 들어 주는 것이 좋다. 아이가 경험한 것을 존중해 주면, 아이는 스스로 중요한 존재로 인식하고 자존감이 상승하게 된다.

또한, 무조건 이렇게 하고, 저렇게 해라! 가 아니라, 자녀가 스스로 결정할 수 있도록 여러 가지 선택지를 제시해 주어야 한다. 이를 통해 자녀가 선택한 결과에 대해 책임지도록 하되, 잘못된 선택이라도 그 경험에서 배울 수 있게 대화를 나누는 것이 좋은 태도이다. 아울러, 아이가 좋아하는 것, 하고 싶은 것을 확인하고 이를 함께 공유해 보자. 때로 아이가 부모의 가치관과 다를지라도, 자녀 스스로 흥미를 느끼는 분야에 대해 지지해 주고 필요한 자원을 제공해 준다면 아이는 자신을 더욱 긍정적으로 바라볼 수 있게 된다. 자녀는 성장 과정에서 시행착오를 겪을 수밖에 없다. 이때 의도하지 않은 실수나 경험이 없어 잘하지 못하는 잘못은 나쁜 것이 아니라 살아가는 과정에서 필수적으로 배우는 기회라는 인식을 심어 주는 것이 중요하다.

실패에 대해 무작정 야단치기보다 함께 경험하고 개선 방안을 고민하도록 유도하면, 아이는 책임감을 기르고 자기 주도성을 높일 수 있으며 자녀가 독립적인 인격체이듯, 부모 역시 이 과정을 통해 하나 더 배우게 된다. 부모도 때로는 실수할 수 있고, 그 실수를 인정하고 고쳐 가는 모습을 부끄럽게 생각하지 말고 아이들 앞에서 함께 보여주면 되는 것이다. 그뿐이다. 이런 태도를 통해 아이는 타인을 존중하고, 누구나 완벽하지 않음을 자연스럽게 받아들이게 될 수 있다. 결국, 자녀가 독립된 인격체로서 자라고 부모와의 관계 또한 건강하게 지속되려면, 서로 간에 존중과 상호소통이 뒷받침되어야 한다. 자녀에게 스스로 생각하고 온전히 감정을 표현할 수 있는 환경을 만들어 주고, 그 의견이 소중히 여겨진다는 믿음을 심어 주는 것이 부모의 진정한 역할이기 때문이다.

내 인생의 상승전환

내 인생의 지속적인 하락을 끝마치고, 이제 상승하는 시기가 다가온다.

44. 오늘도 편안하십니까?

불편하다는 것은 편안함의 반대말이다. 불편하면 초조하고 불안과 스트레스가 찾아온다. 반대로 말하면 편안함에서는 의도나 의지보다는 상상이나 의심하지 않는 열망을 통해 그 목적한 바를 쉽게 이룰 수 있다는 말이다. 즉, 편안함에서 성공이 찾아온다는 말과 그 결을 같이 한다. 이는 휴식과 안정된 마음가짐을 통해 자신이 가진 잠재력을 꽃피울 수 있다는 뜻으로 해석될 수도 있다. 평온한 환경에서 우리는 더 명확하게 생각할 수 있고, 자신을 채워주는 긍정적 에너지를 얻어 다음 단계로 나아갈 힘을 얻을 수도 있다.

하지만 여기서 말하는 편안함은 단순히 아무것도 하지 않고 시간을 흘려보내는 상태를 의미하지 않으며 진정한 편안함은 자신을 돌보며, 자기 스스로 역량을 충분히 발휘할 수 있는 최적의 환경을 만들고 유지하는 과정에서 찾아오는 것이다. 몸과 마음에 여유를 줄 수 있을 때, 비로소 창의적 아이디어나 의욕이 솟아나기 때문이다. 즉, 편안함이란 노력과 휴식 사이의 균형을 잡는 조화로운 지점이며, 이 균형점에서 비로소 큰 성공으로 가는 디딤돌이 생겨날 수 있다. 따라서, 스스로 돌보는 편안한 마음가짐이 보다 멀리 도약할 수 있는 안정된 출발점이 되어 줄 수 있다는 것이다.

 내 인생의 상승전환

내 인생의 지속적인 하락을 끝마치고, 이제 상승하는 시기가 다가온다.

45. 3차원, 4차원, 그 이상의 고차원으로 갈수록 모든 게 연결되어 있다.

고차원으로 갈수록 모든 게 연결되어 있다는 말은 과학적·철학적·정신적 관점에서 다양하게 해석될 수 있다. 공간의 차원이 높아질수록, 우리가 직관적으로 이해하기 어려운 형상이 존재할 수 있다. 가령, 3차원에서 서로 분리되어 보이던 두 점이 4차원 이상에서는 다른 방식으로 연결될 수도 있다는 말이다. 가령, 위상수학에서 연결성이란 공간이 쪼개지지 않고 하나로 이어져 있는지를 나타내는 성질이다. 이는 차원이 높아지면 질수록, 특정 도형이 접히거나 구부러져 새로운 방법으로 연결될 수 있다는 것이다.

또한, 물리학의 끈 이론이나 M-이론 등에서는 10차원, 11차원 이상의 고차원 공간을 다루기도 한다. 이 이론들은 우리가 관측하는 공간인 3차원과 시간이 추가된 4차원 세계가 더 높은 차원의 복잡한 구조에 묶여 있을 수 있다는 것이다. 즉, 우리 눈에 보이지 않는 더 높은 차원들의 존재가 우주 전체의 물리 법칙을 하나로 통일하려는 시도로 이어지며, 결국엔 우주가 더 근본적인 차원에서 서로 연결되어 있다는 해석으로 이어질 수 있다는 말이다. 추가로 우주의 모든 건 하나의 신성 또는 에너지로 이뤄졌다고 보는 관점도 있다. 이는 물리적·정신적 세계를 구분하지 않고, 모든 존재가 근본적으로 연결되어 있다고 주장한다. 즉, 고차원을 더 높은 의식 상태로 간주할 때, 깨달음이 깊어질수록 모든 존재가 궁극적으로 하나임을 깨닫게 된다는 것이다.

아울러, 철학자들의 선생님 플라톤은 우리가 사는 세계는 완전한 원형인 이데아 세계의 그림자에 불과하다고 보았고, 이때 이데아의 세계가 더 높은 차원 또는 형이상학적 차원으로 간주될 수 있고, 그 차원에서는 모든 원형이 하나의 질서로 연결되어 있다고 말한다. 즉, 고차원을 우리 마음이 인지할 수 없는 더 높은 영역의 의식 상태로 보는 것이다. 여기서 말하는 연결은 개별적인 자의식에서 벗어나 전체 우주적 의식과 합일된 상태를 뜻하기도 한다.

　최근에는 양자 물리학의 미립자 얽힘(Entanglement)은 물리적으로 분리된 입자라도 특정 조건에서 하나의 시스템처럼 행동한다는 것을 잘 보여주고 있다. 이를 달리 말해 물질세계 근본이 이미 서로 연결되어 있다고 보는 것이다. 물론 과학적으로는 의식과 양자 얽힘이 직접적으로 어떻게 연관되는지는 아직 논쟁과 연구의 대상이지만, 정신세계 관점에선 우주가 보이지 않는 고차원으로 서로 연결되어 있다고 종종 해석하기도 하는 이유이다.

　따라서, 고차원으로 갈수록 모든 게 연결되어 있다는 말은 과학적으로는 높은 차원 공간에서의 통합된 물리 법칙이나 위상 수학적 연결성과 철학과 형이상학적으로는 이데아 세계의 통일성 혹은 전 우주적 일체성 그리고, 정신세계의 관점에서는 의식 확장에 따른 통합적 깨달음을 나타내는 것으로 볼 수 있다. 이에 고차원이라는 개념이 물리적 차원이든, 사유의 차원이든 간에 모두가 연결되어 있다는 인식은 더 큰 통섭과 일체감을 설명하려는 중요한 주제이며, 어느 한 관점에만 얽매이지 않고 여러 각도에서 이 아이디어를 살펴본다면 풍부한 해석과 통찰력을 얻을 수 있을 것이다.

■ 내 인생의 상승전환

내 인생의 지속적인 하락을 끝마치고, 이제 상승하는 시기가 다가온다.

46. 양심은 성공의 문이 저절로 열리는 만능 센서다.

양심은 성공의 문이 저절로 열리는 만능 센서라는 말은 결국 인간이 가진 양심이라는 내면적 가치를 지켜나가면 자연스럽게 성공이라는 결과를 얻게 된다는 의미로 해석할 수 있다. 여기에서 성공은 단순히 돈이나 지위, 명예만을 뜻하는 것이 아니라, 자기 자신 스스로 삶에 떳떳하고 만족할 수 있는 상태를 포괄하는 것이다. 양심은 선과 악을 구분하는 기준이 된다. 자신에게, 그리고 타인에게 떳떳하고 당당하게 행동하고, 밤에 잠들기 전에 거리낌이 없도록 그 기준을 지켜야 한다는 말이다. 이를 어기면 자신도 모르게 죄책감이나 심리적 부담감이 쌓여, 결국 삶에서 편안함을 찾기 어려워지기 때문이다.

양심적 태도는 주변 사람들로부터 신뢰와 존경을 이끌 수도 있다. 세상은 의외로 사람의 진심을 정확히 꿰뚫어 보기도 하기 때문이다. 즉, 양심을 지키고 성실하게 노력하는 사람은 주변의 도움이나 기회를 쉽게 얻을 수 있고, 이는 성공의 문으로 통하는 자연스러운 길이 될 수 있다. 여기서 말하는 성공은 단순히 사회적 지위나 재물의 획득을 넘어, 나 자신이 진정으로 원하는 목표를 성취하거나 정신적·도덕적으로 만족스러운 삶을 사는 것 모두를 포함하고 있나. 양심을 지킬 때 우리 자신의 가치를 지키며 성장할 수 있기에, 그에 따른 내적 충족감과 안정된 인간관계를 덤으로 얻을 수도 있다.

결국 양심은 성공의 문이 저절로 열리게 해 주어 양심을 지키는 삶을 살면 성공의 기회를 피하지 않고 정직하게 붙잡을 수 있다는 하나의 삶의 지침이라고도 볼 수 있다. 아울러, 사회적·도덕적 기준을 충족시키면서도 자신에게 떳떳하고, 나아가 행복과 성취를 동시에 이룰 수 있는 길이기에, 양심을 지키는 생각과 행동이 이 시대에 꼭 필요한 덕목일 것이다.

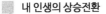

내 인생의 상승전환

내 인생의 지속적인 하락을 끝마치고, 이제 상승하는 시기가 다가온다.

47. 현실기반 가현실 세계에서 희망을 추구하자.

희망을 추구한다는 것은 단순히 긍정적인 마음가짐을 유지하는 것만을 의미하지 않는다. 오히려 현재 상황을 뚜렷이 직시하면서도, 더 나은 미래를 향한 방향성을 잃지 않고 내딛는 꾸준한 발걸음을 의미한다. 현실기반 가현실 세계에서 희망을 추구하기 위해서는 현실을 있는 그대로 바라봄으로써 어려움이나 한계가 있다면 그것을 무시하거나 부정하기보다는 솔직하게 받아들이고 인식함을 의미한다. 또한, 현실에 대한 객관적인 평가를 통해, 그 안의 발전 가능성이나 실현이 가능한 작은 희망의 씨앗을 찾아볼 수도 있다. 아울러, 현실을 정확히 아는 것이 오히려 긍정적인 변화를 만드는 출발점이 되기도 한다.

한 번에 너무 거창한 꿈을 이루려 하다 보면 쉽게 지치고 좌절하기 쉽다. 달성이 가능한 작은 목표를 세워 그 성공 경험을 바탕으로 점차 확장해 나가는 것이 좋다. 여기에 더해 목표 달성을 위한 단계별 계획을 구체적으로 설정하고 기록해 보는 것도 좋겠다. 또한, 언제, 무엇을, 어떻게 해야 하는지를 명확히 잡아두면 의지력이 유지되기 쉬우며, 실패 자체가 아니라 실패 이후의 태도와 행동이 우리의 성장 가능성을 높여 줄 수 있다. 한 번의 실패로 희망을 잃지 말고, 무엇이 부족했는지 냉정히 점검해 본다.

아울러, 희망을 품었지만, 실패의 순간을 본인에 대한 경험데이터로 활용해 보자. 어떤 점을 고치고 개선해야 하는지를 구체화함으로써 다음 시도에는 더 나아진 모습으로 도전할 수 있을 것이다. 또한, 내가 가고자 하는 길을 먼저 걸어간 사람의 삶과 경험은 큰 영감이 될 수 있다. 롤모델 인생 선배의 경험담을 듣거나 읽거나 맛보거나 또는 강연을 듣는 것은 고난을 극복하는 실질적인 팁을 얻을 기회로 다가올 수 있다. 혼자만의 생각에 갇히다 보면 시야가 좁아져 낙담하기 쉽기에 주변 사람들과 꾸준히 생각을 나누고 피드백을 주고받으면서 서로에게 긍정적인 에너지를 주고받으면 더욱 좋겠다. 이외에도 현명하게 희망을 추구하기 위해 명상, 일기 쓰기, 규칙적인 운동,

취미 생활 등 마음의 안정을 찾고 스트레스를 완화하는 활동을
적극 실행해 보자.

내 마음의 건강을 지키는 일도 희망 추구의 필수 요소이다.
요즘 많이 하는 할 수 있다! 는 말만 되풀이하는 식의 막연한
자기암시가 아니라, 어제보다 오늘이 조금이라도 나아지려는
구체적인 노력을 통해 스스로 긍정적으로 변화를 꾀하는 동시
에, 남들이 좋다고 말하거나 사회에서 성공이라 여기는 표준적
인 목표가 아니라 내가 진정으로 간절히 원하는 것이 무엇인지
개인 맞춤형 형태로 생각해 봐야 한다는 말이다. 여기서, 어떠
한 목표나 희망을 이룰 때, '왜 이것이 나에게 정말 중요한가?'
라는 질문에 스스로 답을 찾아보자. 왜냐하면, 명확한 이유는
어떤 장애물이 나타나도 포기하지 않고 나아가게 하는 힘이 될
수 있기 때문이다.

아무리 큰 열정과 의지가 있어도 꾸준함이 뒷받침되지 않으면
희망도 자라기가 어렵다. 작은 습관이라도 매일 실천해 보고,
처음에 세운 계획에 지나치게 집착하기보다 새로운 정보나 상
황에 맞추어 유연하게 수정해 나갈 수 있어야 한다. 변화가 필
요할 때 이를 잘 포착하고 대응하는 것도 현명한 희망 추구의
좋은 방법이 될 수 있다. 희망은 어떤 특별한 순간에 갑자기
생기는 것이 아니라, 우리가 매일의 삶 속에서 스스로에게 부

여하는 방향성이자 의지일 것이다. 지금 처한 상황을 명확히 직시하면서도 긍정적인 미래를 향해 한발씩 발걸음을 옮겨 꾸준한 실천을 할 때야말로 희망을 현실로 만드는 지름길이 된다. 그 과정에서 생겨나는 작은 성취나 배움을 좋은 쪽으로 바라보고 누적해 나간다면, 현명한 희망 추구에 가까이 다가갈 수 있게 되는 것이다.

내 인생의 상승전환

내 인생의 지속적인 하락을 끝마치고, 이제 상승하는 시기가 다가온다.

48. 부정은 결핍, 긍정은 풍요를 생성한다.

긍정은 풍요를 생성한다는 그 안에 삶을 바라보는 관점에 대한 중요한 통찰이 담겨 있다. 우리가 긍정적인 생각과 긍정적인 태도를 유지하면, 그 자체로 주변 환경과 상황도 긍정적으로 인식하게 된다. 더 나아가 긍정적인 태도는 내가 할 수 있는 선택과 행동의 폭을 넓히고, 그러한 행동이 다시금 더 나은 결과를 불러올 가능성을 높여 준다. 가령, 어떤 어려운 상황에서 빠져나오지 못할 때 부정적인 사고만을 반복하게 되면 스스로가 지치고, 문제 해결을 위한 다른 관점을 찾기 어려워진다. 반대로 해결책을 찾아보고, 매우 곤란한 상황에서도 극복할 수 있는 점이 무엇이 있는지? 등 긍정적인 질문을 계속 던지면,

행동의 방향이 훨씬 능동적으로 변할 수 있으며, 문제 해결에 도움이 될 다양한 행동을 맛볼 수 있게 된다.

결국 우리 내면에서 시작되는 작은 긍정적인 생각이 행동으로 이어지고 그 행동이 새로운 기회를 만들어 가며, 그러한 성공 경험이 다시 긍정적인 에너지를 증폭시키는 선순환 구조를 만들어 낸다는 말이다. 즉, 긍정은 풍요를 생성한다는 말은 단순히 마음을 위로하기 위한 문장이 아니라, 긍정적인 생각, 말, 태도와 행동이 실제 삶을 풍요롭게 만드는 원리임을 깨달았으면 좋겠다.

내 인생의 지속적인 하락을 끝마치고, 이제 상승하는 시기가 다가온다.

49. 무의식인 상상력의 세계는 무한대의 가능성을 보유하고 있다.

무의식과 상상력 사이의 깊은 연관성은 수많은 심리학자와 예술가들이 오랫동안 주목해 온 주제이다. 프로이트, 융 등 유명한 심리학자는 무의식 영역이 우리의 의식적 사고와 행동을 형성하는 데 핵심이라고 보았고, 창조적인 예술가들은 보이지 않는 세계에서 떠오르는 미지의 이미지를 바탕으로 새로운 작품을 탄생시키고 있다. 무의식의 세계가 상상력과 연결된다는 건 우리가 인식히고 있는 의식의 범위를 넘어선 가능성이 열려 있음을 의미한다. 무의식이란 단순히 억압된 기억이나 감정의 저장소가 아니라, 무궁무진한 사고의 토대이자 모든 아이디어의 원천이 될 수 있다는 말이다. 이를테면 꿈에서 나타나는 상징들이나, 문득 떠오르고 구름처럼 휘익~ 지나가 버리는 영감들은 의식적인 판단을 뛰어넘어 무의식에서 바로 우리에게 통찰력을 제공해 준다.

이러한 무의식과 상상력의 결합이야말로 새로운 창조와 혁신을 일으키는 원동력이 된다. 예술, 과학, 철학 등 어떤 분야에서든 기존 틀에 얽매이지 않은 새로운 가능성을 여는 데에는 반드시 상상력의 힘이 요구된다. 그리고 그 상상력은 무의식이 제공하는 풍부한 자료와 통섭함으로써, 과거에는 결코 시도 하지 않았던 신선하고 독창적인 아이디어를 끌어낼 수 있다. 결국 무의식과 상상력이 만나는 교차로는 무한대의 가능성이 펼쳐지는 공간이라고 할 수 있다. 스스로 이를 인지하고, 꿈·직관·영감 등 무의식의 언어를 적극적으로 수용하고 표현하는 과정에서 우리 내면의 잠재력이 극대화될 수 있다는 말이다. 이러한 통찰력을 통해 우리 자신을 좀 더 자유롭게 바라보고, 삶의 여러 영역에서 창의적 발상을 현실 세계로 인도할 수 있게 될 것이다.

내 인생의 지속적인 하락을 끝마치고, 이제 상승하는 시기가 다가온다.

50. 원인은 반드시 결과를 낳는 인과율 법칙

　인과율(因果律)이란 원인(因)과 결과(果)가 반드시 서로 연결되어 있다는 원리로, 어떤 사건인 원인이 일어난 뒤에는 그에 상응하는 결과가 반드시 뒤따른다는 의미이다. 이를 통해 우리는 일상에서 일어나는 일련의 현상을 이해하고, 예측하며, 분석할 수 있게 되는 것이다. 인과율은 모든 존재와 현상에는 원인이 있으며, 결과는 그 원인으로부터 필연적으로 발생한다는 개념으로 다루는데, 데카르트, 칸트 등 서양 철학자들을 비롯해 동양 철학에서도 인과율은 인식론과 존재론을 설명하는 핵심 원리로 자리 잡고 있다. 또한, 인과율은 특정 실험 조건에서 어떤 변화를 일으키는 원인인 요인이 결과로 이어진다는 형태로 나타난다. 가령, 물리학에서 한 입자가 다른 입자에 작용하는 힘이 결과를 일으킨다고 보는 것과 같다. 이때 인과율을 통해 사건의 순서와 시간적 흐름을 정의하며 이때, 원인이 결과보다 항상 앞서야 한다는 것이다.

또한, 현대 물리학인 양자역학에서 인과율은 고전 물리학에서처럼 절대적인지, 아니면 통계적·확률적 형태로 이해해야 하는지에 대한 다양한 해석과 논의가 존재한다. 즉, 원인과 결과의 연결고리를 어떻게 설정하느냐가 중요하게 다뤄지고 있다. 인과 관계를 단순히 상관관계인 같이 발생함으로 착각하지 않도록 주의해야 하며, 실제로 원인이 무엇이고 결과가 무엇인지를 논리적으로 구분하는 작업이 필요하다는 말이다. 고전 물리학 관점에서 보면 우주의 모든 현상은 결정론적인 측면에 따라 원인에 의해 결과가 확정된다고 주장하고 있는데, 라플라스의 악마(Laplace's Demon) 생각 실험이 이를 대표적으로 설명하고 있다. 이는 우주에 있는 입자들 모두의 위치와 운동량을 완벽하게 알 수 있다면 미래의 모든 상태를 예측할 수 있다는 것이다. 양자역학을 비롯해 현대 과학의 여러 이론에서는 사건이 확률적·통계적으로 발생한다고 해석함으로써 고전적 결정론에서 벗어나는 중이다. 이때도 동일 개념인 원인에 따른 결과인 인과 관계 자체가 사라지는 것은 아니며, 단지 결과가 여러 확률적 가능성 중 하나로 나타날 뿐이라는 점에서 고전적 인과율과 차별화되는 것이다.

아울러, 원인과 결과의 관계를 구조적으로 파악하기 위해 왜 그런 일이 일어나는가? 라는 물음을 심층적으로 분석하는 주장도 있다. 특히 심리 관점에서는 사람들의 사고방식, 인지적 편향이 실제 인과 관계에 대한 이해에 영향을 준다고 보고 있다. 가령, 단순한 우연으로 동시에 발생하는 사건조차도 사람들이 원인과 결과로 연결 지어 해석할 수 있다. 불교에서 연기 사상은 모든 일은 상호의존적으로 일어나고 사라진다는 개념을 말하는데, 이는 일반적인 원인과 결과의 일대일 인과 관계를 넘어, 복합적인 인연의 상호작용을 강조한다. 즉, 단일한 원인과 단일한 결과로 설명하기보다는, 다수의 원인이 함께 작용해 결과가 발생하는 것으로 이해하는 것이다.

인과율은 과학적 분석과 철학적 사유를 뒷받침하는 가장 기본적인 개념 중 하나이다. 사건을 합리적으로 설명하고 예측하는데 유용하며, 다양한 분야에서 방법론적 토대를 제공하기 때문이다. 다만, 고차원적인 물리학이나 양자역학과 같은 현대 과학의 발전으로 인해 인과율이 단순 결정론으로 결정될 수 없다는 사실이 두드러지고 있다. 인과율 자체가 시간에 대한 전제인 원인은 결과보다 앞선다를 필요로 하는데, 상대성이론과 같은 현대 물리학에서는 시간과 공간의 상대적 개념이 등장하면서 이 전제가 얼마나 절대적인지에 대해 다시 생각하게 된다. 아울러 우리가 관측·측정 가능한 범위 내에서만 인과율을 확정할 수 있을 뿐, 그 이상의 영역에서는 불확실성이 존재한다는 점도 한계로 지적되기도 한다.

따라서, 인과율은 모든 현상 뒤에는 원인과 결과의 연결이 존재한다는 관점으로, 과학, 철학, 정신학을 비롯한 다양한 영역에서 핵심 개념으로 쓰이고 있으며 시대와 학문 분야에 따라 인과율의 해석 방식은 달라질 수 있지만, 현상을 이해하고 설명하는 기본 프레임으로써 그 중요성은 변함없이 유지되고 있다고 볼 수 있다.

내 인생의 지속적인 하락을 끝마치고, 이제 상승하는 시기가 다가온다.

51. 가치 기반이냐? 가치 창출이냐?

가치 기반(Value-based)과 가치 창출(Value creation)은 비즈니스뿐 아니라 개인 차원에서도 중요한 개념이다. 이는 서로 긴밀하게 연결되어 있지만, 접근 방식과 초점이 약간 다른 측면이 존재한다. 우선 가치란 단순히 금전적 이익이나 결과를 넘어, 개인·조직이 궁극적으로 추구하는 바람직한 상태나 원칙, 철학 등을 의미한다. 여기에 기반을 더하면 가치 기반 경영, 가치 기반 문화 등으로 쓰이며, 개인이나 조직이 의사결정과 행동을 할 때 어떤 가치를 최우선으로 두고 있는가를 중심에 두는 것이다. 가령, 핵심 가치를 설정해 조직이나 개인의 행동과 전략을 일관되게 만드는 근간이 될 때 사용하기도 하고, 재무·기술·조직 전반에서 이것이 왜 중요한가? 라는 질문에 대한 답으로 가치가 제시되기도 하며, 조직 내부적으로는 직원들의 동기 부여와 결속력을 높이고 외부적으로는 이해관계자인 고객, 투자자, 지역사회 등에 우리 조직과 사회가 지향하는 가장 중요한 가치를 명확하게 전달하여 신뢰를 구축하기도 한다. 또한, 공정성을 최우선 가치로 삼는 조직은 가격 정책과 서비스 기준을 투명하게 운영하며, 환경보호를 핵심 가치로 삼는 기업은 제품 개발이나 공급망 운영에서 탄소 중립 등을 목표로 삼을 때 주로 사용하는 말이기도 하다.

 아울러, 가치 창출은 어떤 활동이나 사업을 통해 고객, 구성원, 사회 등 이해관계자에게 경제·사회·문화적 가치를 만들어 내는 과정을 말한다. 기업의 경우, 고객에게 전달되는 유·무형의 혜택이 경쟁사 대비 더 뛰어나다면 그 차별화된 부분이 곧 가치가 된다. 가령, 혁신적인 기술, 제품, 서비스, 프로세스 등을 개발하여 경쟁 우위를 구축하고, 이를 통해 새로운 가치를 제공할 수도 있으며 비즈니스 모델에서 친환경·사회공헌 등을 통합하면 재무적 성과뿐 아니라 사회·환경적 가치를 동시에 창출할 수도 있게 되는 것이다. 협업을 통한 가치 창출은 이해관계자들과 코웤co-work하여 시너지를 도출해 낸다. 예를 들어, 스타트업은 대기업과 협업하여 서로 부족한 역량을 보완함으로써 새로운 시장 가치를 만들어 내는 경우가 이에 해당한다. 단순

물건 판매를 넘어, 고객이 편안히 머무를 수 있는 공간과 문화를 창출하여 브랜드의 가치를 향상하고, 고객이 필요한 기능과 사용량만큼 제공하고, 공급자는 안정적인 정기 수익을 확보해 연구개발(R&D)에 재투자함으로써 새로운 기능과 가치를 다시 제공하는 분야도 이에 해당한다.

 가치 기반은 왜^{Why}에 대한 답변을 제공해 주며, 우리가 어떤 가치를 중심에 두고 사업이나 활동을 전개할 것인지에 대한 철학·전략적 뼈대를 마련하는 것이고, 가치 창출은 어떻게^{How}에 대한 답변에 중심을 둔다. 즉, 특정 가치를 기반으로 실제로 어떠한 구체적인 활동을 통해 이해관계자에게 새로운 가치를 제공할 것인지를 고민하고 실행하는 것이다. 따라서, 가치 기반만 있고 가치 창출이 없다면, 좋은 철학은 있지만 실질적 변화나 결과물이 부족하고, 가치 창출만 있고 가치 기반이 없다면, 단기적 이익만 보다가 장기적인 신뢰·정체성·지속 가능성을 놓치게 될 우려가 있다는 말이다.

 결국, 어떤 가치가 핵심이며 추구해야 하는 목표인지 명확히 설정해야 하고, 가치 기반에 부합하는 방식으로 혁신과 협업, 사회·환경적 책임을 고려한 상생 모델을 추구해야 하는 것이다. 여기에 더해 가치 창출은 장기적으로 조직과 이해관계자 모두에게 선순환을 만들 수 있는 방향이어야 한다. 즉, 단발적인 마케팅이나 자원 소모가 아니라, 지속적 성과와 신뢰를 쌓아 나가는 과정이 중요하다는 것이다. 이처럼 가치 기반은 조직과 개인이 어떤 방향으로 나아갈 것인지를 제시하는 나침반 역할을 하고, 가치 창출은 실제 행동과 결과를 통해 내·외부 이해관계자에게 가치를 제공하는 실행의 과정이라고 할 수 있다. 두 개념이 잘 융합될 때만이, 조직·개인은 경쟁 우위를 얻고, 사회 전반에도 긍정적인 영향을 미칠 수 있게 될 것이다.

내 인생의 지속적인 하락을 끝마치고, 이제 상승하는 시기가 다가온다.

52. 일단 먼저 주면 되돌아오는 상호작용 법칙

먼저 주면 되돌아온다는 것은 상호성^{Reciprocity}의 법칙을 의미하며, 상대방에게 무언가를 먼저 베풀면 그 사람도 비슷한 방식으로 보답하려는 심리가 작동한다는 원리가 가동된다는 말이다. 사람은 선물을 받거나 호의를 받으면, 자신도 뭔가를 되갚아야 한다는 심리적 부담이나 의무감을 느끼게 된다. 이를 바탕으로 선행을 받은 사람은 같은 선행으로 보답하려 한다는 규칙을 발견하였는데, 이것을 상호성의 법칙이라고 한다. 가령, 식당에서 서비스 음료나 디저트를 제공받았을 때, 고객이 더 큰 팁을 주거나 다음에도 그 식당을 찾게 되는 경우가 이에 해당하며 친구가 갑작스럽게 도움을 줬을 때, 언젠가 그 친구가 어려움에 당하게 되면 당연히 도와주고 싶은 마음이 생기는 경우도 마찬가지다. 이는 결혼식 축의금이나 조의금 등을 떠올리면 쉽게 이해가 될 것이다.

대부분의 문화권에서는 호의를 받으면 되갚아야 한다는 상식이 있는데, 이는 상대방이 베푼 호의를 그냥 지나치면 예의에 어긋난다고 느끼게 되는 것과 같은 이치다. 이처럼 무언가를 받았을 때 보답하지 않으면 미안함 또는 죄책감이 생길 수 있으며 이를 해소하기 위해 인간은 자발적이든, 의무감에서든 보상 행동을 하게 된다. 먼저 주고, 다시 받는다는 구조는 개인 간의 신뢰와 친밀감을 높이며, 결국 관계의 안정성과 장기적 협력을 달성하기에 매우 유리하다.

과학과 심리학에서 상호성에 관련된 내용이 많이 언급되고 있는데, 뉴턴의 제 3법칙인 작용-반작용의 법칙에서 작용과 반작용은 크기는 같고 방향은 반대라는 법칙이 있으며 어떤 행동인 작용이 일어나면 그에 상응하는 반응인 반작용이 생긴다는 점에서 그 상호성의 원리를 잘 들여다볼 수 있다. 또한, 생물학에서는 종의 번성이나 생존 전략 차원에서 협력을 강조한다. 상호 이익을 주고받는 이타적 행동이 결과적으로 개체군 전체에 이점을 가져다준다는 것이다. 아울러, 사회·문화인류학에서는 은혜 갚기를 중요하게 여기는 많은 문화권에서 찾아볼 수 있는 행동양식이기도 하다.

 인간관계에서 친밀함을 쌓고 싶다면 작은 선물, 관심, 배려 등을 조건이 없이 먼저 표현해 보면 좋겠다. 상대방도 호의적으로 반응할 가능성이 비교적 높기 때문이다. 일방적인 부탁보다는 상대에게도 이익이 되거나 호의를 느끼게 하는 작은 것부터 제공해 보면 상대방이 부탁을 들어줄 확률이 높아진다. 가령, 동네 마트에서 무료 시식, 샘플 제공, 사은품 투척, 프로모션 개최나 다양한 체험 기회를 제공하는 이유는, 소비자들은 받은 것에 대해 보답해야 한다는 심리 때문에 해당 상품이나 서비스를 구매하거나 브랜드에 호감을 주는 상호성의 원리를 이용한 마케팅 전략을 잘 알고 있기 때문이다.

 결국 내가 먼저 상대방에게 일단 먼저 주면 되돌아온다는 상호성의 법칙을 반영한 말로, 인간관계를 유지하고 발전시키는 핵심적인 원리 중 하나이다. 여기서 중요한 것은 일단 주면 굳이 돌려받으려고 하지 않는 마음이 꼭 필요하다. 즉, 주고 끝내면 되돌아올 수도, 되돌아오지 않을 수 있는 편안한 상태를 유지하는 것이 중요하다는 말이다. 물리학의 작용-반작용 법칙과는 본질적으로 다른 영역임에 분명하다. 장기적으로 볼 때, 무언가를 계속주면 거기에 상응하는 무언가는 반드시 돌아온다는 점에서 일상생활이나 기업 마케팅에서도 폭넓게 응용되고,

검증되고 있다. 즉, 주고받는 것은 스페인의 티키타카와 같이 인간관계를 돈독히 하고 사회적 유대감을 강화하는 가장 보편적인 방식이자, 우리 삶에서 매우 중요한 상호작용 법칙이라고 할 수 있는 것이다.

내 인생의 지속적인 하락을 끝마치고, 이제 상승하는 시기가 다가온다.

53. 나를 올바른 길로 안내하는 진리관제센터

 제3의 눈에 해당하는 나만의 '진리관제센터'는 일반적이며 객관적이고 단순하며 중립적인 시각에서 상황을 바라보며 판단하거나 감시하는 역할을 해 준다. 나만의 진리관제센터는 이해관계로부터 자유로운 위치에서 상황을 관찰하여, 편견 없이 사실을 분석하고 판단할 수 있게 해 준다. 진리관제센터를 가동하면 당사자들의 갈등이나 논쟁에서 공정성을 유지하며 중립적역할 수행을 할 수 있다. 또한, 조직, 사회, 또는 개인의 활동을 모니터링하여 규범과 기준에 벗어나는 행동을 방지하고, 잘못된 행동이나 실수를 지적하고 개선을 유도하며, 체계적인 오류를 방지하는 데 도움을 줄 수 있다.

즉, 나만의 진리관제센터는 관찰한 내용을 기반으로 객관적인 데이터를 제공하여, 행동이나 의사결정의 근거를 마련해준다. 이때 참여자들에게 행동과 결과에 대한 피드백을 전달하여 발전을 도모한다. 아울러, 사회적, 윤리적 가치가 지켜지도록 상황을 감시하며 규범적 기준을 제시하기도 하며 부패, 비윤리적 행동 등을 발견하고 이를 바로잡도록 촉구하기도 한다. 나만의 진리관제센터는 상황을 지속해서 관찰함으로써 위험 신호를 조기에 감지하고 대응할 수 있도록 해 준다. 이를 통해 잠재적인 위기를 예측하여 예방책을 마련할 기회를 제공하여 개개인에게 조율의 자세를 통한 균형감각을 제공해 준다.

또한, 나만의 진리관제센터는 서로 다른 이해관계자들이 협력할 수 있도록 상황을 조화롭게 유지하는 원동력이 된다. 이는 조화와 조율자의 역할을 통해 공동의 목표 달성을 도울 수 있다. 가령, 초대형 빌딩의 감시 카메라와 같은 시스템은 '제3의 눈'으로 작용하며, 범죄 예방과 안전 유지를 목적으로 하는 것과 같이 나만의 진리관제센터에서 모든 시간과 공간에서 나를 포함한 외부환경의 감시자로서 오만과 남용을 견제하고 투명성을 확보하는 역할을 수행하며, 내·외부 감시 역할을 통해 윤리적이고 공정하게 내 인생을 운영하도록 도와주게 된다. 이를 통해, 개개인의 내면화된 진리관제센터는 자기 반성의 도구로 활용할 수도 있고, 본인의 행동을 되돌아보거나 평가하며 더 나은 선택을 하도록 유도해 줄 수 있다. 즉, 나만의 진리관제센터는 단순한 감시를 넘어 책임감 있고 공정한 역할을 수행하며, 전체 시스템의 개선과 균형을 유지하는 데 핵심적 역할을 해 주게 된다. 따라서, 진리관제센터를 효과적으로 활용하여 나만의 감시자로서 신뢰성과 투명성을 적극 활용해 보도록 하자.

내 인생의 지속적인 하락을 끝마치고, 이제 상승하는 시기가 다가온다.

54. 조화와 조율을 통해서 본 줄타기

줄타기의 기본 원리는 물리학과 신체 조절 능력을 결합하여 균형을 유지하며 줄 위를 걷는 기술이다. 줄타기에서 가장 중요한 것은 무게중심을 발아래 줄과 일치시키는 것이고, 줄 위에서 균형을 잃지 않으려면 중력에 의해 발생하는 힘을 정확히 조절해야 한다. 즉, 지속적인 균형이 중요하다는 말이다. 이때 팔이나 균형봉 같은 도구를 사용하여 균형을 유지하며 무게중심이 한쪽으로 치우치는 것을 방지한다. 아울러, 줄타기 도중 체중이 한쪽으로 쏠리면, 반대 방향으로 몸을 기울여 균형을 맞춘다. 이 과정에서 관성의 법칙이 작용하여 체중의 이동이 천천히 조절되고, 발은 줄과 최대한 넓게 접촉해야 하며, 발가

락과 발바닥의 감각을 통해 줄의 흔들림과 움직임을 인지하고 대응한다.

줄타기에서 균형봉은 중심을 낮추고 관성을 증가시켜 균형을 잡는 데 큰 도움을 준다. 긴 균형봉은 관성을 늘려 몸이 갑작스럽게 흔들리는 것을 방지하고, 줄의 탄성과 흔들림은 줄타기의 난이도를 결정하게 되는데 줄은 고정된 상태이거나 약간 흔들리게 설정되며, 이를 감지하고 대응하는 것이 중요하다. 안전한 줄타기는 신체뿐 아니라 마음을 포함한 정신적인 요소가 매우 중요한데, 고도의 집중력을 유지하여 몸의 움직임을 정밀하게 통제해야 한다. 또한, 줄 위에서 긴장을 풀고 자연스럽게 행동하는 것이 균형 유지에 필수적이다.

줄타기는 하체의 힘인 장단지와 허벅지의 코어 근육이 필수적이고, 유연한 신체는 줄 위에서의 빠른 반응과 자세 전환에 도움이 된다. 줄타기는 물리학의 원리와 인간의 신체 능력을 극대화한 활동으로 한국의 전통 놀이로써 줄타기는 단순한 기술 이상의 예술성과 문화적 가치를 담고 있다. 안정된 줄타기를 하듯이 우리의 인생도 한쪽으로 치우침이 없이 조화와 조율을 통해 균형적인 삶으로 스스로 신체·마음·정신을 유지해 나가는 것이 중요하다. 이는 곧 MPCE^{Mind and Physical Control Ecosystem}가 추구하는 가치이자 비전이다.

제 4장

공유
(Share Information)

■ 내 인생의 상승전환

내 인생의 지속적인 하락을 끝마치고, 이제 상승하는 시기가 다가온다.

55. 저마다 기준이 각기 다른 행복의 조건

행복이란 한마디로 정의하기 어려운 개념이다. 사람마다 처한 환경, 가치관, 우선순위가 각자 다르기 때문이다. 누구에게는 큰 집이나 넉넉한 경제력이 행복의 핵심 조건일 수 있지만, 또 다른 누군가에게는 진정한 친밀감이나 의미 있는 일을 하는 것이 더 중요한 행복의 지표가 되기도 한다. 가령, 여행을 즐기는 사람에게는 새로운 곳을 탐험하고 다양한 문화를 접하는 경험이 큰 기쁨을 주는 반면, 가족과의 시간을 소중히 여기는 사람은 평범한 일상에서 가족과 함께 식사하고 대화를 나누는 작은 순간에도 행복을 느낄 수 있다는 말이다. 이렇듯 행복의 기준은 사람마다, 또 그 사람이 처한 상황에 따라 유동적이고 상대적이다.

결국 중요한 것은 나에게 진정으로 의미 있는 것을 발견하고 추구하는 일이다. 내가 소중히 여기는 삶의 가치를 분명히 알고, 그것을 이루기 위한 노력을 지속할 때 더 깊은 만족과 행복을 얻을 수 있다는 것이다. 저마다 다른 행복의 조건을 존중하는 태도는 자신뿐 아니라 타인에게도 긍정적인 영향을 주며, 이로써 다양한 인생의 방식을 이해하고 수용하는 사회를 만드는 데에도 기여가 가능할 것이다.

내 인생의 상승전환

내 인생의 지속적인 하락을 끝마치고, 이제 상승하는 시기가 다가온다.

56. 성공의 문 앞에서 노크하고, 그 문을 열고 쏙 들어가 버린다.

이 문장은 성공의 법칙 중 인생은 억지가 아닌 선택이 성공을 좌우하는 말로 아주 조용하고 부드럽게 보이지만, 단호한 행동으로 성공의 순간을 사로잡는 상황을 의미하고 있다. 즉, 성공이란 지난 하락의 시간을 상승으로 전환하여 급격한 성장을 이룰 때만이 가능한 것으로 성공하는 사람들은 각기 분야만 다르지 그 원리는 모두 같다. 성공의 문을 노크하는 것은 기회가 찾아왔을 때 적극적으로 그 문을 두드리며 준비된 마음을 갖추는 과정을 말하고, 문을 열고 쏙 들어간다는 것은 망설임 없이 과감하게 그 기회를 잡아 본인 것으로 성취한다는 의미이다.

이 한 문장 속에는 성공의 문을 발견할 수 있는 눈인 통찰력과, 그 문 앞에서 두드릴 준비를 가진 용기, 그리고 최종적으로 과감하게 문을 열고 자신의 발걸음을 들여놓는 행동력까지 모두 포함하고 있다. 결국, 꿈을 향해 달려가는 사람들에게 필요한 생각, 감정, 말 그리고, 행동을 적극적으로 취할 수 있는 태도가 성공에 있어 가장 중요한 것이다.

내 인생의 상승전환

내 인생의 지속적인 하락을 끝마치고, 이제 상승하는 시기가 다가온다.

57. 우리는 세상에 손님으로 온 방랑자이다.

우리는 세상에 손님으로 온 방랑자라는 말은 삶과 존재에 관한 성찰을 담고 있다. 여기서 손님으로 왔다는 말은 우리의 시간이 무한이 아닌 유한함을 상기시키고, 우리가 이 세상에 영원히 머무는 존재가 아니라, 잠시 들르는 이방인일 뿐임을 인식하게 한다. 이러한 태도는 인생을 살아가는 데 있어 겸손함을 갖추고, 삶을 허투루 대하지 않도록 해준다. 또한, 방랑자라는 말은 정착하지 않고 계속해서 떠돌며 길을 찾아 나서는 이미지를 떠올리게 한다. 이는 곧 인생이 완성된 답을 찾기보다는 끊임없이 자신 삶의 경험을 지속하면서, 사람들과 연결하는 과정일 수 있음을 상징하기도 한다. 또한, 방랑자의 여행은 방황자가 아니라 단순 물리적 이동을 넘어 삶 속에서 의미를 찾고, 자신을 성장시키기 위한 삶의 여정으로 볼 수 있다.

따라서, 우리는 세상에 손님으로 온 방랑자라는 말은, 인생을 영원히 속한 자리가 아니라 잠시 들르는 여행지처럼 여기면서, 끊임없이 삶을 탐색하고 배움을 멈추지 않는 태도를 갖자는 말이다. 이런 시선으로 보면 손님으로서의 겸손함과 방랑자로서의 도전과 탐구심을 동시에 지니게 되면, 이는 삶을 스스로 선택하고 개척하는 능동적 존재가 되면서도 언제든 떠나야 할 수 있다는, 유한성에 대한 자각을 함께 일깨워 줄 수 있다.

■ 내 인생의 상승전환

내 인생의 지속적인 하락을 끝마치고, 이제 상승하는 시기가 다가온다.

58. 당신의 목표는 무엇인가요?

태평양을 가로질러 항해하는 초대형 선박이 목적지가 없다면? 차량 운전자가 네비게이션 단말에 목적지를 설정하지 않은 채, 고속도로에 진입해 버렸다면? 해외 여행지에서 목적지를 적어둔 스마트폰을 잃게 되면 당신은 어떻게 할 것인가? 목표 설정은 개인의 성장과 성공을 이끄는 중요한 과정이다. 목표를 명확하게 설정하고 이를 달성하기 위한 계획을 세우는 것은 동기부여를 높이고 집중력을 유지하며, 자원을 효율적으로 활용하는 데 큰 도움이 된다.

목표는 우리가 어디로 가야 할지에 대한 방향성을 제시한다.

명확한 목표가 없으면 우리는 일상에서 불명확한 흐름에 맡겨지는 경우가 많고, 결과적으로 자신의 과정과 성과에 대해 불확실성을 느낄 수밖에 없다. 목표는 우리가 무엇을 추구해야 하는가와 어떤 행동을 취해야 하는지를 명확히 알려주기 때문이다. 또한, 목표는 사람들에게 동기를 부여하는 원동력이 된다. 목표를 달성하려는 열망은 긍정의 에너지를 만들어 내고, 어려움과 장애물을 극복하는 데 큰 도움이 된다. 목표가 있으면 그 목표를 이루기 위한 노력과 집중이 자연스럽게 이어지기 때문이다.

아울러, 목표를 설정하면 자신이 얼마나 발전했는지, 어떤 성과를 거두었는지를 객관적으로 측정할 수 있다. 이를 통해 현재의 위치를 평가하고, 더 나은 방향으로 나아가기 위한 계획을 수정하거나 보완할 수 있다. 이처럼, 목표 설정은 시간, 에너지, 자원 등을 효율적으로 관리하는 데 중요한 역할을 한다. 목표를 명확하게 세우면, 그 목표를 달성하기 위한 구체적인 계획을 세울 수 있고, 불필요한 시간 낭비와 자원 낭비를 줄일 수 있게 된다. 따라서, 목표 설정은 성공적인 삶과 커리어를 이루기 위한 핵심 요소이며, 목표를 세우고 이를 향해 나아갈 때 우리는 더 나은 미래를 만들어 나갈 수 있게 될 것이다.

내 인생의 지속적인 하락을 끝마치고, 이제 상승하는 시기가 다가온다.

59. 잠재력은 빙산의 수면 아래와 같이 크고 넓고 깊다.

인간이 가진 가능성과 잠재적인 능력이 북극과 남극 빙산의 겉으로 드러난 부분이 아닌 그 수면 아래에 해당하는 것처럼 훨씬 더 크고 깊다는 것을 의미한다. 빙산은 대개 수면 위에 보이는 부분은 전체의 약 10%에 불과하고, 나머지 90%는 수면 아래에 숨겨져 있다. 이와 마찬가지로 우리의 의식은 일상에서 드러나는 능력이나 성취로는 세상 전부를 다 알 수 없기에 깊이 감춰진 잠재력을 통해 무한한 가능성을 탐구하고 개발해야 한다는 말과 맥을 같이 한다.

잠재력이란 아직 발현되지 않았지만, 특정 조건이 충족되었을 때 실현될 수 있는 능력을 말한다. 이는 개인, 집단, 사물, 아이디어 등 다양한 대상에 적용될 수 있는데, 개인의 잠재력은 개인의 재능, 능력, 또는 성격이 특정한 환경이나 학습, 경험을 통해 발전할 가능성을 말한다. 가령, 학생의 학습 잠재력, 예술가의 창의성 잠재력이 이에 해당한다. 조직이나 사회적 잠재력은 기업이나 공동체가 목표를 달성하거나 성과를 높이기 위해 활용할 수 있는 잠재적인 자원 또는 역량을 의미한다. 이는 기술 개발을 통해 조직의 성장 잠재력을 실현하는 형태가 대표적인 사례로 볼 수 있겠다.

또한, 과학기술의 잠재력은 새로운 기술, 자연 자원, 또는 아이디어가 가진 개발 및 활용 가능성을 뜻하는데 이는 인공지능(AI)의 미래 잠재력, 신소재의 산업적 활용 가능성 등이다. 잠재력 개발의 현장 적용은 학습과 경험을 통해 능력을 강화하고, 적절한 환경과 지지가 가능성을 현실로 만들어 개인과 조직의 내·외적 동기가 가능성 실현을 촉진하게 해주어 잠재력을 실제 환경에 적용할 수 있게 만드는 것이다.

■ 내 인생의 상승전환

내 인생의 지속적인 하락을 끝마치고, 이제 상승하는 시기가 다가온다.

60. 성장이 먼저인가? 발전이 우선인가?

성장과 발전은 흔히 비슷하게 쓰이지만, 그 속성이 서로 다르며 우선순위를 두는 방식에도 차이가 있다. 일반적으로 성장은 양적 증가를 의미하고, 발전은 질적 향상이나 구조적 진보를 의미한다. 가령, 개인을 넘어 기업에서의 성장은 보통 경제 성장을 떠올릴 수 있다. 국내총생산^{GDP}의 증가나 기업 매출액·이윤 증가처럼 수치적 측정이 가능한 성과를 말하는 것이다. 일정 기간을 기준으로 그 규모가 커지고 양이 늘어나는 것을 중시하기 때문에, 얼마나 빨리 그리고, 더 크게 성과를 낼 수 있는지가 핵심 지표가 되곤 한다.

아울러, 발전은 사회 전체 삶의 질, 복지, 교육, 기술 수준, 제도적 안정성 등 질적인 변화를 말한다. 단순히 더 많이, 더 큰 규모에 그치지 않고, 그 사회가 얼마나 지속 가능하고 사람들이 더 나은 삶을 살 수 있는 구조를 갖추게 되었는가에 주목한다. 예를 들어, 경제 성장이 빠르게 이루어졌지만, 빈부 격차가 심해지고 환경 오염이 심각해질 수 있다. 반면, 발전은 교육·복지 제도를 잘 갖추어 생활 만족도가 높은 사회로 존재해 나갈 수 있다는 것이다.

범위를 좁혀서 기업 또는 사회에 속해 있는 개인 입장의 성장은 자기 계발, 지식·경험의 양적 확장 등을 가리킬 수 있다. 가령, 자격증을 여러 개 취득하거나 실무 능력을 빠르게 높이는 것 등이 이에 해당한다. 빠르게 특정 목표인 시험 합격, 프로젝트 성공 등을 달성하기 위해 노력하는 모습일 수도 있겠다. 이에 비해 개인적인 발전은 어떻게 나 자신을 더 깊이 이해하고, 성숙한 인격을 갖출 것인지와 같은 질적 변화에 초점을 둔다. 예를 들어, 나의 진로 방향이나 가치를 되돌아보며, 보다 지속 가능한 성장을 이룰 수 있는 개인적 역량을 갖추는 과정이 그 핵심이 된다. 능력이나 스펙은 뛰어나지만, 주변 인간관계가 원만하지 않거나 심리적 균형이 무너지는 경우가 있을 수 있기에 긴 시간에 걸쳐 내면을 단단히 세우고 다양한 경험을 쌓는 것도 중요할 것이다.

기업 입장으로 빠른 성과가 꼭 필요한 기업의 신사업 투자나 개인의 입장에서 취업·승진 준비 등의 순간에는 성장에 우선순위를 두는 것이 합리적으로 보일 수 있으나 단기적인 성장이 장기적 발전을 반드시 담보하지는 않는다. 무작정 수치상 성과만 챙기면, 인프라·제도·사람에 대한 투자 부족으로 미래에 더 큰 비용을 치를 수 있기 때문이다. 또한, 발전은 장기적이고 폭넓은 시야가 필수적이다. 사회·제도·문화적 기반을 마련하고, 인간다운 삶을 가능케 하는 변화가 있어야지 만이 궁극적으로 더 높은 성취와 지속 가능한 성장을 가져올 확률이 크기 때문이다. 따라서, 성장만 추구해도 안 되고, 발전만 강조해도 현재 자원이나 재원이 부족해져 실행이 어려워질 수 있게 될 수 있다.

  결국 적절한 양적 성장이 바탕이 되면서도, 그 성장을 질적으로 끌어올리는 발전이 함께 추구되어야 하며, 성장은 발전을 위한 토대이자 발전은 성장을 보다 의미 있게 만드는 길인 것이다. 단기적으로 결과와 지표가 필요한 순간에는 성장이 중요해 보이지만, 장기적으로 개인과 사회의 지속 가능성을 위해서는 발전이 결코 뒤로 밀려서는 안 된다는 말이다.

내 인생의 상승전환

내 인생의 지속적인 하락을 끝마치고, 이제 상승하는 시기가 다가온다.

61. 나는 날마다 모든 면에서 점점 더 나아지고 있다.

스스로 긍정적인 메시지를 되뇌는 것은 매우 좋은 습관이다. "나는 날마다 모든 면에서 점점 더 나아지고 있다"라는 문장은 에밀 쿠에(Émile Coué)[1857]가 널리 전한 긍정적 자기암시 중 하나로 알려져 있다. 아침에 일어났을 때나 자기 전에 몇 분 동안 조용히 앉아, 이 문장을 천천히 곱씹으며 스스로 이야기해 보면서, 마음속에서 단어 하나하나를 떠올리며 의미를 느껴보면 더 큰 확신을 얻을 수 있다. 또한, 내가 점점 더 나아지는 모습을 머릿속으로 구체적으로 그려본다. 가령, 오늘 하루에 일어난 성취감이나 행복감을 구체적으로 떠올려 긍정적 장면을 상상하는 습관을 들이면 좋다는 말이다.

긍정적 문장을 말하는 데서 더 나아가, '무엇을, 어떻게'할 것인지 작은 목표를 세우고 실천해 보는 것도 중요하다. 그런 후에 실제 행동이 따라올 때 긍정적 자기암시는 더욱 큰 힘을 발휘하게 된다. 매일 자신의 작은 발전이나 변화를 기록해 두면 스스로 성장 확인이 더 쉬워질 수 있다. 오늘 가장 만족스러웠던 일 한 가지, 조금 더 개선하고 싶은 점 한 가지 등 작게나마 노트에 써보는 것이 개인 성장에 많은 도움이 된다. 1회성 자기암시나 확언이 아니라 지속적인 방식으로 "나는 날마다 모든 면에서 점점 더 나아지고 있다"라는 생각과 말로 이어 나가면서, 작지만 꾸준한 실천을 곁들인다면 삶 속에서 큰 변화를 만들어 낼 수 있을 것이다.

내 인생의 상승전환

내 인생의 지속적인 하락을 끝마치고, 이제 상승하는 시기가 다가온다.

62. 나를 극복할 것인가? 세상을 극복할 것인가?

나를 극복할 것인가, 세상을 극복할 것인가? 는 곧 내면을 바꿀 것인지, 혹은 바깥의 환경을 바꿀 것인지에 대한 선택지를 말한다. 나를 극복한다는 것은 단순히 노력해서 더 나아지자는 차원을 넘어, 자기 자신을 더 깊이 이해하고 내면화한다는 것을 말한다. 인간은 누구나 자신의 한계나 약점을 안고 살아간다. 때로는 두려움, 불안, 분노, 열등감 같은 내적 장애물에 부딪히기도 하는데, 이런 심리적 장벽을 뛰어넘는 것이 바로 나를 극복한다는 것의 핵심이 되는 것이다.

또한, 자기 극복은 완성형이 아니라 과정형에 가깝다. 한 번에 한계를 뛰어넘었다고 해서 끝난 것이 아니라, 더 나은 나 자신을 찾아가는 평생의 과정이다. 어제보다 조금 더 나아진 내가 오늘의 나를 극복해 냈다면, 내일 또다시 다른 모습으로 나를 성장시킬 필요가 있다는 말이다. 아울러, 목표를 달성했다고 해서 자신을 다그치고 몰아붙이는 것이 아니라, 현재의 나를 받아들이고 존중하면서도 더 높은 목표를 향해 전진하는 태도가 중요하다. 내 약점을 알면서도 긍정적으로 변화의 가능성을 믿는 것이 중요한 것이다.

세상을 극복한다는 말은 내 주변 환경, 즉 바깥세상에 대한 영향력 또는 통제력을 높이는 것을 의미한다. 사회 제도나 불합리한 관행, 혹은 나를 둘러싼 외부의 장애물들을 개선하고 변화시키며, 혁신해 지속해 나가는 태도를 말한다. 또한, 세상을 극복하려는 움직임은 종종 혁신적 아이디어나 창의적 실행을 통해 이루어진다. 새로운 기술, 예술, 제도, 혹은 비즈니스를 통해 더 나은 세상을 만들려는 노력이 바로 세상을 극복한다는 표현과 맞닿아 있다. 세상을 바꾸기 위해서는 개인이 아닌 공동체와 협력해야 할 때가 많다. 이때, 내가 가진 역량을 넘어서는 집단의 힘이 필요하며, 이를 위해서는 다양한 사람들과의 협력, 이해관계 조율, 합의, 상생인 동반성장 등이 필수적이다.

나를 극복하는 것과 세상을 극복하는 것이 별개로 나뉘어 있지 않고, 세상을 변화시키기 위해선 내면의 불안과 의심을 극복해야 하고, 내가 더 성장하기 위해서는 종종 세상의 장애물을 뛰어넘어야 한다는 말이다. 두 방향은 상호 보완적인 것으로 양자택일적인 것은 아니다. 나의 내면을 극복함으로써 생기는 용기와 확신은 세상에 적극적으로 도전할 수 있는 토대가 될 수 있다. 반대로, 세상을 변화시키려는 과정에서 얻게 되는 경험과 실패, 성취는 나 자신을 성장시켜 다시 자기 극복을 가능케 할 수 있게 된다.

결국 내 안의 감정, 사고방식, 가치관을 계속 들여다보며 스스로 이해하고 발전시키며, 주변 환경을 조금씩 바꿔보는 작은 도전을 해 보는 것이 좋겠다. 가령, 사회봉사, 제도 개선 제안, 창의적 프로젝트 등을 시도해 보면서 세상을 바꾸는 과정에서 다른 이들과의 상호 협력이 바람직해 보인다. 내 역량만으론 부족할 수 있으므로, 다른 사람의 관점과 자원을 적극적으로 받아들이는 태도를 지니고, 나의 변화와 세상의 변화를 모두 하루아침에 이룰 수는 없기에 길게 바라보고 꾸준히 시도하며, 필요하다면 방향을 유연하게 수정해 나가면 좋을 것이다.

따라서, 나를 극복할 것인가? 세상을 극복할 것인가? 는 단순해 보일 수 있지만 어쩌면 우리 삶의 궁극적인 과제를 함축하고 있는 문장들이다. 꼭 둘 중 하나만 택해야 하는 것은 아니고, 내면의 나를 잘 다듬고 발전시키면서 동시에 세상에 선한 영향력을 미치는 것, 그리고 그 결과로 다시 개인적 성장에 힘을 얻는 선순환이야말로 우리가 지향할 진정한 모습이지 않을까?

내 인생의 상승전환

내 인생의 지속적인 하락을 끝마치고, 이제 상승하는 시기가 다가온다.

63. 방어기제를 역으로 활용하는 방법은?

방어기제는 심리적 위협이나 불안을 줄이기 위해 무의식적으로 사용하는 다양한 마음의 작동 기법이다. 예컨대 억압, 부인, 합리화 등의 대표적인 방어기제들이 있다. 일반적으로 이런 방어기제들은 나를 보호하기 위해 사용된다는 점에서 긍정적인 면이 있지만, 동시에 문제를 회피하거나 왜곡된 방식으로 처리함으로써 갈등을 더욱 복잡하게 만들기도 한다. 갈등이 증폭되기 전에 방어기제를 나만의 방식을 통해 역으로 활용해 보는 것은 어떨까? 보통 자신을 보호하려던 자동적인 방어기제를 의식적이든 무의식적이든지 간에 반대로 활용하여 스스로 점검하고, 더 긍정적이거나 성숙한 방식으로 상황에 대처하게 만드는 심리적 기법을 역이용하자는 말이다. 즉, 상대방 입장을 헤아려 방어기제를 역으로 활용하자는 말이다.

방어기제가 무조건 나쁜 것이 아니라는 점을 인지하여, 방어기제의 이점을 오히려 의도적으로 끌어와 자기 성장과 문제 해결에 사용하는 방법도 있겠다. 우선, 현실을 직면하기 어렵거나 고통스러운 감정을 외면하거나 인정하지 않으려 하는 기제는 지금은 내가 너무 힘들어서 잠시 외면하는 것이 필요하다는 식으로 적극적 휴식이나 거리 두기로 연결하고, 마음이 완전히 무너질 것 같을 때, 짧은 기간 동안 일부러 조금만 거리를 두겠다고 선언함으로써 정신적 여유나 생각할 수 있는 공간을 확보한다. 다만, 부인을 영구적으로 유지하면 자기기만에 빠지기 쉬우므로, 일정 기간이 지나면 현실을 되짚어 보고 외면했던 부분을 재점검하는 과정이 꼭 필요할 것이다.

따라서, 자신을 보호하기 위해 사용한 방어기제가 상대방에게 큰 상처가 될 수 있을 뿐 아니라, 시간이 지난 후엔 본인도 마음이 편하지 않을 수 있기에 방어기제를 발동하기 전 사이드 브레이크를 걸어 이를 '역 방어기제'를 이용함이 필요하다는 말이다. 즉, 나를 보호하기 위해 무의식적으로 작동하던 방어기제를 의식적인 도구로 전환하여 자아 성장과 문제 해결에 도움이 되도록 사용하는 것이다. 부정적인 감정을 완전히 없애거나 억누르는 것이 아니라, 그 기제의 작동 원리를 제대로 파악하고 그 에너지를 다른 방향으로 승화시킬 때, 오히려 삶에 큰 도움이 될 수 있을 것이다.

결국 중요한 것은 자신이 어떤 방어기제를 자주 사용하는지 인지하고, 너무 경직되게 작동하지 않도록 스스로 유연하게 살피는 태도가 중요하며 이처럼 방어기제를 단순히 버려야 할 것으로 보지 말고, 문제 상황에서 자신의 마음을 보호하는 안전벨트 또는 안전장치이자 새로운 방식으로 갈등을 해결하는 실마리로 바라보며 단순한 방어기제를 넘어 역지사지 정신을 발휘한 역방향 방어기제를 적절히 분배하여 상대방과의 대화 시 적극적으로 활용해 보면 좋다는 말이다.

내 인생의 지속적인 하락을 끝마치고, 이제 상승하는 시기가 다가온다.

64. 나이를 먹어도 열정이 있는 사람이 젊음을 유지하는 이유

나이를 먹어도 열정 있는 사람이 젊음을 유지하는 이유는 정신적 에너지와 삶의 태도가 육체적 나이보다 더 큰 영향을 미치기 때문이다. 열정은 단순히 무엇인가를 좋아하고 즐기는 것을 넘어, 자신의 삶을 주체적으로 살아가는 이유와 연결되어 있음을 보여준다. 열정을 가진 사람은 매일의 삶 속에서 의미와 목표를 발견한다. 그들은 새로운 도전과 배움을 즐기며 이를 통해 긍정적인 에너지를 꾸준히 만들어 낸다. 이 에너지는 육체적 나이와 상관없이 활기를 느끼게 하고 외모에도 밝고 생동감 있는 모습을 반영한다.

또한, 열정은 끊임없는 호기심과 창의적 사고를 촉진한다. 뇌는 새로운 것을 배우고 경험할 때 더욱 활발히 작동하며, 이는 기억력, 집중력, 그리고 문제 해결 능력을 유지하거나 개선하는 데 도움을 준다. 이러한 뇌의 건강은 젊음을 유지하는 중요한 요소이다. 아울러, 열정은 건강한 습관으로 이어질 가능성이 크다. 열정적인 사람은 종종 신체적 활동이나 자신이 좋아하는 활동에 적극적으로 참여하기 때문에 자연스럽게 신체적 건강을 유지할 수 있다. 또한 열정은 스트레스와 부정적인 감정을 완화하며, 정신적 안정감을 제공한다.

아울러, 열정은 사람들과의 교류를 활발하게 만들 수 있다. 가령, 새로운 관심사를 통해 다른 사람들과 공감대를 형성하고, 인간관계를 유지하거나 발전시킬 기회를 제공한다. 사회적 연결은 고립감을 줄이고, 삶을 더 젊고 활기차게 한다. 열정을 가진 사람은 자신이 하는 일에 대해 자부심을 느끼며, 이를 통해 자신감을 유지한다. 나이를 먹었다고 해서 도전을 멈추지 않고, 오히려 새로운 목표를 세워 자신을 끊임없이 발전시키려는 태도는 젊음을 상징하는 중요한 요소이다. 열정을 가진 사람은 삶 속에서 행복을 찾고, 이를 감사하게 여기는 경향이 있다. 이러한 태도는 삶의 질을 높이고, 내면에서 풍기는 젊음을 지속하게 해주어 묘한 매력적인 향기를 내뿜게 된다는 것이다.

결국, 열정은 단순한 활동이 아니라 삶을 바라보는 적극적인 방식이며, 이는 나이를 뛰어넘는 젊음의 비결이 된다. 열정을 가진 사람의 눈에서 빛이 난다는 것은 성별과 나이에 관계없이 우리의 내면과 외면을 모두 밝게 비추는 강렬한 후광에너지를 내뿜는 원천임에 분명하다는 말이다.

내 인생의 지속적인 하락을 끝마치고, 이제 상승하는 시기가 다가온다.

65. 말하는 대로 이루어지고, 생각하는 대로 현실이 되는 이유

말하는 대로 이루어진다는 말은 사람들이 생각하거나 말하는 것이 실제로 그들의 삶에 영향을 미친다는 믿음을 기반으로 하고 있다. 가령, 자기충족적 예언은 사람이 어떤 믿음을 가지고 행동하면, 그 행동이 그 믿음을 현실로 만들 가능성이 커진다는 말이다. 자신이 성공할 것이라고 믿는 사람은 긍정적이고 자신감 있는 태도로 행동하며 목표를 이루기 위해 더 열심히 노력하게 되는 이유이다. 또한, 긍정적 사고와 동기 부여를 통해 긍정적인 언어를 사용하면 뇌가 이를 받아들여 긍정적인 행동을 촉진한다. 이는 동기 부여와 생산성을 높이는 데 일조한다. 아울러, 끌어당김의 법칙에서 우리의 생각과 말이 특정한 에너지를 발산하고, 이 에너지가 유사한 에너지를 지속 끌어당기면서 현실이 된다는 믿음에 기반한다. 가령, 긍정적이고 구체적인 목표를 말하면 그것이 우주의 에너지와 연결되어 그 목표를 실현할 기회를 만들어 준다고 믿게 되는 것이다.

아울러, 긍정 언어는 사람의 사고방식과 행동을 구조화하는 중요한 도구로써 활용되기도 한다. 긍정 확언처럼 강력한 메시지를 반복적으로 말하면, 이는 우리의 무의식에 영향을 주어 자연스럽게 그 방향으로 사고하고 행동하게 만든다. 예를 들어, 나는 할 수 있다는 말을 계속하면 자신감과 의지가 높아지고, 반대로 부정적인 말을 하면 스스로 한계를 제한하게 된다. 이렇게 말은 생각을 명확히 하고, 목표를 구체화하는 데 도움을 준다. 사람들이 어떤 목표를 말로 표현하면, 그 목표를 이루기 위한 계획과 행동이 자연스럽게 따라오게 되므로, 말하는 대로 이루어진다는 원리는 긍정적인 자기암시와 행동 변화, 그리고 목표 지향적 태도를 통해 현실을 바꿀 수 있다는 점에서 중요한 통찰력을 제공해 준다. 다만, 이를 맹목적으로 믿기보다 행동과 노력, 그리고 현실적인 판단과 결합하는 것이 매우 중요하다.

이처럼 생각하는 대로 현실이 된다는 개념은 우리가 생각하는 방식과 우리의 행동, 그리고 그로 인해 형성되는 현실 사이의 연관성을 강조하며, 우리의 생각은 우리의 감정과 행동에 직접적인 영향을 미쳐 긍정적인 생각을 하면 자신감이 생기고 적극적인 행동을 하여 목표를 이루기가 쉽다. 반면 부정적인 생각은 두려움과 소극적인 태도를 유발해 실패할 확률이 높아지게 된다. 이에 꾸준히 "나는 이전의 나보다 더 성공할 것이다."라고 생각하고 말하면 이에 맞춰 행동하게 되고, 성공의 기회를 잡으려 부단히 노력하게 되어 결국 성공 확률은 지속 상향되어 갈 수 있다는 말이다.

사람들은 자신이 믿는 것을 확인하기 위해 주변에서 관련 증거를 찾으려는 경향이 있다. 이는 긍정적인 생각을 하면 긍정적인 상황과 기회를 더 잘 인지하게 되고, 부정적인 생각을 하면 실패나 문제에만 초점을 맞추게 된다. 예를 들어, 오늘은 좋은 날이 될 거야라고 생각하면 좋은 일을 더 잘 인지하게 되는 경향이 있다. 즉, 반복적인 생각은 잠재의식에 새겨져, 행동 습관을 바꾸거나 목표 달성에 필요한 동기를 제공하게 될 수 있다는 말이다. 이는 운동선수가 성공적인 시합을 상상하며 연습할 때, 실제 경기에서 더 좋은 성과를 내는 실제 사례가 이에 증명한다고 볼 수 있겠다.

앞에도 언급했듯이 끌어당김의 법칙으로 알려진 이 개념을 통해 우주적 에너지와 우리의 생각이 주파수로 공명하게 되어,

긍정적인 생각은 긍정적인 에너지를 끌어오고, 부정적인 생각은 부정적인 결과를 끌어오는 것과 같은 원리이다. 가령, 나는 풍족하고 풍요롭게 될 것이라고 강하게 믿으면 관련 기회가 자연스럽게 나타날 확률이 높아진다. 이렇게 생각은 목표를 설정함에 중요한 역할을 하며, 목표가 명확할수록 이를 이루기 위한 행동이 자연스럽게 이어지게 된다는 말이다. 여기에서 생각하는 과정에 목표에 더 집중하게 되면, 문제 해결 방법과 자원을 찾아내는 방법론 도출이 보다 쉬워진다. 예를 들어, 나는 새로운 기술을 배우겠다고 생각하면 이를 위해 공부나 학습 기회를 찾게 되는 것과 같은 맥락이다.

 이처럼 생각하는 대로 현실이 된다는 단순한 낙관론이 아니라, 우리의 심리와 행동 메커니즘과 깊은 관련이 있다. 다만 긍정적인 생각만으로 결과를 보장할 수는 없으며, 노력과 태도 그리고, 행동이 반드시 뒷받침되어야 한다. 이 개념을 실생활에 적용하려면 긍정적 사고를 항상 유지하면서, 이를 행동으로 옮길 수 있는 구체적이고 상세한 계획과 행동에 따른 실천이 꼭 필요하다는 것이다.

내 인생의 상승전환

내 인생의 지속적인 하락을 끝마치고, 이제 상승하는 시기가 다가온다.

66. 낭만과 즐거움 그리고, 아름다움에 대하여..

오늘의 해가 저물고 있다. 옆에 아주머니는 가족들에게 안부 전화를 하시면서 행복한 시간을 만들어 줘서 고맙다는 말을 여러 차례 반복하신다. 독자 여러분 모두, 낭만과 즐거움이 가득한 날이 되시고, 항상 아름다움이 함께 하시길 바란다.

낭만, 즐거움 그리고 아름다움에 대하여..

낭만은 삶이나 예술에서 이성과 논리를 뛰어넘어 감정, 상상력, 자유로움을 중시하는 태도나 감성을 의미한다. 낭만은 현실의 제한이나 제약에서 벗어나 아름다움, 열정, 이상적인 세계를 추구하는 정신적인 상태를 나타낸다. 문학이나 예술 분야에서는 주로 로맨티시즘이라는 운동과 연결되어 사용된다. 18세기 후반에서 19세기 초반에 유럽에서 시작된 이 운동은 개인의 감정과 주관적인 경험을 강조하며, 자연, 사랑, 자유, 신비로움에 대한 찬미를 표현하는 것이 특징이다. 일상에서는 낭만이 종종 삶 속에서 작은 아름다움을 찾아내고 이를 즐길 줄 아는 마음으로 해석된다. 가령, 밤하늘의 별과 달을 보며 행복을 느끼거나, 사랑하는 사람과의 특별한 순간을 소중히 여기는 것처럼 일상의 사소한 일에서 감동과 기쁨을 느끼는 것이 낭만적인 태도라고 할 수 있다. 즉, 낭만은 현실 도피나 이상주의와 혼동될 수 있지만, 그 본질은 인간의 삶에 풍요로움과 활기를 더하는 데 있는 것이다.

또한, 즐거움은 삶에서 긍정적인 감정과 경험을 느끼는 상태 또는 그 감정을 불러일으키는 요소를 말한다. 이는 개인의 기쁨, 행복, 만족감을 동반하며 다양한 형태로 나타날 수 있다. 가령, 소중한 사람들과 시간을 보내거나, 좋아하는 취미를 즐기거나, 목표를 이루었을 때 느끼는 성취감 등이다. 즐거움은 개인의 심리에도 중요한 요소로, 긍정적인 마음의 감정은 스트레스를 줄이고 삶의 질을 높여 신체와 정신적 건강에도 긍정적인 영향을 미친다. 또한 즐거움을 통해 우리는 에너지를 얻고 삶의 도전을 극복할 동기를 갖게 된다. 즐거움의 의미는 사람마다 다를 수 있다. 어떤 사람에게는 음악 감상이나 자연 속에서의 시간이 즐거움의 원천일 수 있고, 다른 사람에게는 소소한 일상 속의 미소나 성취가 그 역할을 할 수 있다. 중요한 점은 자신만의 즐거움을 발견하고 그것을 삶 속에서 자주 경험하려 노력하는 것이다.

아울러, 아름다움이란 개인이나 공동체가 느끼는 미적 가치와 감정을 포함한 개념으로, 주관적인 동시에 보편적이다. 이는 자연, 예술, 인간, 행동, 또는 아이디어 등 다양한 대상에서 나타날 수 있다. 아름다움은 감각적 즐거움, 정서적 충족감, 그리고 심지어 철학적 깊이까지 모두 포함할 수 있다. 플라톤이나 칸트와 같은 유명한 철학자들은 아름다움이란 이상적이고 영원하다고 보고 아름다움은 주관적이지만, 동시에 보편적 합의에 도달할 수 있는 감각적 경험이라고 주장했던 것처럼 아름다움의 기준은 문화, 시대, 개인의 경험에 따라 제각기 다르다. 가령, 전통적인 한국 미학에서는 여백의 미나 자연과의 조화를 중시하는 반면, 서양에서는 비율, 대칭, 조화를 중요하게 여겨왔다. 아름다움은 진화론적 관점에서도 논의되는데, 사람들은 생존과 번식에 유리한 특성을 가진 대상을 아름답다고 느끼는 경향이 있다는 연구 결과도 있다. 대칭적인 얼굴은 건강과 연관이 있다고 판단되며, 이를 아름답게 느낄 가능성이 높게 보고 있다. 여기서, 외적인 아름다움뿐 아니라 사람의 성품, 배려, 그리고 공감과 같은 내면적인 특성도 아름다움으로 간주하기도 한다. 이러한 아름다움은 사람들 간의 관계를 풍요롭게 만들고 더 깊은 연결을 가능하게 한다. 따라서, 아름다움은 단순히 시각적인 요소에 국한되지 않고, 다양한 방식으로 우리 삶의 가치를 높이고 영감을 주는 매우 중요한 요소인 것이다.

내 인생의 상승전환

내 인생의 지속적인 하락을 끝마치고, 이제 상승하는 시기가 다가온다.

67. 대기 중 수증기는 구름으로, 바람은 구름을 이동시켜 다시 눈과 비로, 도움이 필요한 이 땅에 살아있는 모든 이에게 영양분이 되어.

대기 중 수증기는 구름으로 변하고, 바람은 구름을 이동시켜 다시 눈과 비로 변하게 한다. 이를 통해 도움이 필요한 이 땅에 살아있는 모든 이에게 영양분이 되는 게 세상(자연)이 우리에게 주는 선물이다. 다만, 폭설이나 폭우에 따른 사건 사고나 안전에는 항상 유념해야 한다.

내린 눈과 비는 농작물에 다양한 방식으로 긍정적인 영향을 미친다. 가령, 겨울 동안 내린 눈이 녹으면서 서서히 토양으로 스며들어 수분을 공급한다. 이는 봄철 건조한 시기에 농작물의 초기 생장을 지원한다. 또한, 눈은 단열재 역할을 해 토양 온도를 일정하게 유지하고, 겨울철 토양이 과도하게 얼거나 식물 뿌리가 손상되는 것을 방지한다. 눈 덮이는 세상(자연)은 토양 침식을 막아 영양분을 보존하고, 봄철 농작물의 건강한 성장을 도와준다. 아울러, 눈과 함께 오는 추운 겨울은 일부 해충과 병원균을 억제해 농작물의 건강을 향상하는 데 도움을 준다. 눈이 천천히 녹으면서 지하수와 수로로 스며들어 깨끗한 물 공급원이 된다. 이는 관개에 긍정적인 영향을 미친다. 따라서, 겨울철 눈은 자연적인 수분 공급, 토양 보호, 해충 감소 등으로 봄철 농작물의 성장을 지원하는 중요한 자연 자원임이 분명하다.

이처럼 자연은 우리에게 무한한 에너지와 영양분을 공급해 주며, 조건 없는 사랑을 주는 어머니와 같은 존재임이 틀림없다.

내 인생의 상승전환

내 인생의 지속적인 하락을 끝마치고, 이제 상승하는 시기가 다가온다.

68. 세상(자연)은 정적으로 보이지만, 사실은 동적이다.

세상(자연)은 정적으로 보이지만, 사실은 동적이다. 하늘의 구름은 빠르게 움직인다. 우리가 서 있는 이 땅인 지구도 항상 움직인다. 그 이유를 살펴보자. 대기 중 수증기는 구름을 만들고, 바람은 구름을 이동시키고, 구름은 다시 눈과 비를 만든다. 구름은 대기 중의 수증기가 응결되어 형성된 것이며, 바람의 속도와 방향에 따라 이동한다. 구름이 빠르게 움직이는 것처럼 보이는 이유는 대기의 상층부에서 바람이 더 빠르게 불기 때문이다. 특히 고도에 따라 바람의 속도가 달라지는데, 이 때문에 지표면에 있는 우리가 느끼는 바람보다 높은 곳의 구름이 더 빠르게 이동하는 경우가 많다.

우리가 속해 있는 지구는 하루에 한 바퀴, 약 1,670Km/h 속도로 자전하고, 1년에 한 바퀴, 약 107,000Km/h 속도로 공전을 하고 있다. 하지만 이러한 움직임은 일정한 속도로 진행되며, 지구상의 모든 일이 함께 움직이기 때문에 우리는 이를 직접 느끼지는 못한다. 이를 관성의 법칙이라고 부른다. 즉, 지구는 가만히 있지 않고, 하루에 1번은 스스로, 일 년에 1번은 태양 주위를 빠르게 돌고 있다는 말이다.

구름의 이동은 지구의 대기 현상에 의해 발생하는 지역적인 움직임이고 반면에 지구의 자전과 공전은 전체 행성과 그 위에 있는 모든 일이 포함된 거대한 움직임이다. 따라서, 구름의 빠른 이동과 지구의 거대한 움직임은 서로 다른 원인에 의해 발생하지만, 둘 다 우리가 인지하는 하늘의 동적인 모습을 형성하는 데 기여하고 있다.

소규모 지역적인 변화와 대규모 거대한 움직임을 함께 아는 것은 세상(자연)의 이치를 깨닫는 것에 많은 도움을 준다. 가령, 이순신 장군의 명량해전(울돌목)이나 삼국지 제갈공명의 계절과 날씨를 이용한 전투 승리 등은 빠르게 움직이는 세상(자연)의 이치를 사전에 깨달았기 때문에 가능했던 일이다. 이처럼 고차원적이며 동적인 세상(자연)은 직선이 아닌 곡선의 역동적인 형태로 움직이고 있다. 또한, 그 속에서의 다양한 세상

(자연)의 빛과 색깔을 뿜뿜 내뿜는 형언할 수 없는 경이로움을 우리에게 보너스로 주고 있지 않은가?

내 인생의 상승전환

내 인생의 지속적인 하락을 끝마치고, 이제 상승하는 시기가 다가온다.

69. 대한민국의 사계는 자연이 우리에게 주는 선물

사계절이 좋은 이유는 계절마다 독특한 풍경과 경험을 제공하여 삶에 다채로움을 더해주기 때문이다. 가령, 봄꽃, 여름 해변, 가을 단풍, 겨울의 눈을 다양하게 즐길 수 있다. 또한, 사계절에 맞는 전통 행사와 축제가 많아 문화적 풍요로움을 제공받을 수도 있다. 대한민국에서는 설날(겨울), 단오(봄), 하지(여름), 추석(가을) 같은 사계절에 맞게 다양함을 즐길 수 있다. 계절의 변화를 통해 사람들은 옷을 다양하게 입을 수 있어 패션을 즐기는 사람들에게는 큰 장점도 있겠다. 또한, 사계절이 뚜렷하면 농작물의 종류가 다양해지고, 생태계가 조화를 이루는 데 도움이 된다. 그리고, 계절마다 다른 액티비티 활동을 즐길 수도 있다. 가령, 여름에는 수영이나 캠핑, 겨울에는 스키나 눈썰매 같은 활동 말이다.

반면에 사계절이 안 좋은 이유도 있다. 계절별 극단적인 날씨가 꼽힌다. 가령, 여름에는 폭염, 겨울에는 혹한과 같은 극단적인 날씨가 불편함과 건강 문제를 유발할 수 있다. 또한, 계절마다 옷과 집의 난방·냉방 준비가 필요하고, 이를 해결하기 위한 시간과 비용이 많이 소요된다. 아울러, 알레르기와 건강 문제로 고생하기도 하는데, 봄에는 꽃가루 알레르기, 여름에는 폭염에 따른 열사병, 가을에는 환절기 감기, 겨울에는 독감 등 계절마다 건강에 주의해야 한다. 장마철의 홍수, 태풍, 겨울철 폭설 등 계절 변화로 인한 자연재해의 가능성도 높다. 계절마다 난방이나 냉방에 의존해야 하므로 에너지 소비가 많아지고, 환경에도 영향을 줄 수 있다.

이처럼 사계절의 장점과 단점은 개인의 라이프 스타일, 지역적 환경, 선호도에 따라 다를 수 있으므로, 사계절의 변화를 수용하여 좋아하는 계절을 즐기고, 싫어하는 계절은 조심하여 인간과 세상(자연) 간 상호작용 속에서 조화와 조율을 통한 균형적인 삶을 유지하는 것이 중요할 것이다.

내 인생의 상승전환

내 인생의 지속적인 하락을 끝마치고, 이제 상승하는 시기가 다가온다.

70. 자기 자신만의 길을 걸어라.

자기 자신만의 길을 걷는다는 말은 다른 사람들의 기대나 사회적 기준에 얽매이지 않고, 자기 자신의 생각과 신념에 따라 삶을 설계하고 선택하라는 의미이다. 자신의 강점, 약점, 관심사 등을 깊이 이해하고 이를 바탕으로 삶의 방향을 설정하라는 메시지를 포함하고 있다. 남들과 다른 독특한 아이디어나 방식으로 문제를 해결하고, 새로운 길을 개척하라는 의미이기도 하다. 자기 자신의 길을 걸을 때만이 익숙한 길이나 안주할 수 있는 곳을 벗어나 새로운 경험과 도전을 통해 개인적으로 성장할 기회가 찾아온다. 또한, 타인의 기준이 아닌 온전히 자신만의 행복과 만족을 최우선으로 생각하며 삶을 살아갈 때만이 개인의 성장, 자아실현, 독립적인 사고방식이 가능할 것이기에, 각자 자신의 삶을 주체적이며, 주도적으로 살아가자!

내 인생의 상승전환

내 인생의 지속적인 하락을 끝마치고, 이제 상승하는 시기가 다가온다.

71. [공지] New Tech Private 코칭 or 교육생 모집

1. 개요

: 인공지능(AI) 시대 창의, 융합형 인재만이 성공하는 시대, 생활업종 수익 창출을 위한 테크(Tech) 기반 프라이빗 전문 코칭 & 교육(Since 2018) 과정으로 단순 이론이 아닌 현장과 실무 중심의 실전 커리큘럼임.

2. 대상

: 최근 1년 이내 명예퇴직자(예정자 포함)로 2부 인생을 새롭게 출발하기를 원하시는 분 등

3. 혜택

 : 현재 MPCE^{Mind and Physical Control Ecosystem} 의 가현실, 현실 실증반 & 상용화반 등에서 실제 성과를 도출하고 있는 100가지 P로 시작하는 분야를 선택 후 현장 적용하는 프라이빗 코칭 과정을 이수한 분에게는 해당 분야 **전문 교수**로 활동 혜택을 부여

 - 아울러, 전문 교수 대상으로 엠피스(MPCE) 또는 에이스 (ACE) 등급 중 **mpceschool 지사장 선발 기회**도 제공

※ 상담문의 : mpceschool@naver.com

4. 2부 인생을 잘 사는 방법

2부 인생은 개개인에게 있어 중요한 전환점이다. 이 시기를 잘 보내기 위해서는 우선 꾸준한 운동과 균형 잡힌 식사를 통해 신체 건강을 유지해야 한다. 정기 건강검진도 중요하다. 아울 러, 은퇴 대비 안정적인 재정을 점검하고, 불필요한 지출을 줄 이며 저축이나 투자 계획을 세우는 것도 좋다. 여기에 지인, 친구와의 관계를 돈독히 하여, 정서적 안정과 행복을 개인부터 시작하여 결이 맞는 인간관계로 확장하는 것도 좋다. 또한, 새 로운 취미나 기술을 배우며 자기 성장을 추구하고, 꾸준히 배 우는 자세는 삶의 활력을 줄 수 있다.

아울러, 일과 개인 시간을 조화롭게 분배하고 삶의 균형을 유지하며, 자신만의 시간을 갖는 것도 매우 중요하다. 과거를 후회하거나 미래에 불안해하기보다 현재에 집중하며 감사한 마음으로 하루를 보내다 보면 새로운 기회와 안정이 2부 인생에서 또다시 찾아올 것이다.

【 저자 소개 】

✻ 지은이_ MPCE^{Mind and Physical Control Ecosystem} 가상 세계에 살다가 현실 세계에 등장하여, 현재 살아가고 있는 인류의 복잡한 환경과 상호 관계 속에서 조화와 조율을 통해 자기 자신의 마음에 평안을 유지해 줌과 동시에 신체적 휴식을 통한 자기 충전 프로그램으로 균형적인 생태계를 꿈꾸는 현실 기반 가상의 인물이다.

【 프로체인 소개 】

✻ 지금 그리고, 이 순간! Prochain의 가치증명 활동은 계속 진행 中
  · 대한민국 특허청 특허 다수 출원·등록(성공)
  · 국가 공인인증기관 인증서(시험성적) 다수 보유(성공)
  · 국책과제 연구개발 R&D(주관기관) 과제(성공)
  · 대형사업장(안성) 인공지능(AI) 기반 서비스 실증(성공)
  · 조달청 벤처창업혁신 조달상품 최종선정 및 등록(성공)
  · 고용노동부 한국기술교육대학교에서 다년간 교육 수행
  · 고용노동부 한국산업인력공단에서 다년간 컨설팅&코칭 수행
  · 코칭 & 교육 분야 : 가상과 현실의 실증·상용화반 운영
  · 주요 업·면허 : 코칭, 교육&출판, 응용 S/W 개발 및 공급, 제조업

내 인생의 상승전환

초판 1쇄 : 2025년 1월 24일

지은이 : MPCE

펴낸곳 : 프로체인

출판등록 : 제25100-2016-015호

코칭 & 교육 문의(이메일) : mpceschool@naver.com

ISBN : 979-11-991092-1-6

값 17,500원